한국, 한국어, 한국문화

한국, 한국어, 한국문화

재외동포와 함께 세계화로

2009년 9월 10일 초판인쇄
2009년 9월 15일 초판발행

지은이 | 이광규
펴낸이 | 이찬규
펴낸곳 | 북코리아
등록번호 | 제03-01240호
주소 | 121-801 서울시 마포구 공덕동 115-13번지 2층
전화 | (02) 704-7840
팩스 | (02) 704-7848
이메일 | sunhaksa@korea.com
홈페이지 | www.sunhaksa.com

ISBN 978-89-6324-021-3 (03710)

값 12,000원

재외동포포럼 01

한국, 한국어, 한국문화

재외동포와 함께 세계화로

이광규 지음

북코리아

✎ 머리말

　중국의 청산리 전투 현장에 세워진 기념탑을 보고, 1920년 당시 홍범
도, 김좌진, 이석대 장군 등이 의병들을 인솔하여 일본군 한 개 여단을
전멸시킨 전쟁을 생각해 보았다. 만일 청산리 전투를 포함한 의병활동이
없었다면 우리는 이미 역사 속으로 사라졌을 것이다. 비록 승리는 못하였
지만 의병활동이 있었기에 우리는 식민지였음에도 굴하지 않고 끝내 독
립을 이룬 민족이 되었다.

　한국이 산업화를 추진하던 시기에 낯선 이국땅을 무대로 활동하는 젊
은 사람들을 만난 적이 있다. 대우 김우중 회장을 따라 동남아시아의 정
글을 다니고, 허벅지보다 굵은 뱀을 잡아먹으면서도 세상이 좁다며 더 넓
은 활동무대를 찾아다니던 그들의 모습이 퍽 인상적이었다. 그리고 정주
영 회장을 따라 중동의 사막에서 건설업에 종사하면서, 한국인으로서 자
부심을 가진다는 많은 사람들을 만났다. 이들은 산업화 과정의 '의병'들이
라고 생각한다.

　또 한 무리의 의병이 있다면 민주화를 위하여 헌신한 학생들일 것이다.
그들은 학교 정문 앞에서 최루탄에 맞서 싸우기도 하고, 경찰의 곤봉에
맞아 쓰러지기도 했으며, 서울역 광장에서 최루탄, 물대포 등에 맞서 기약
없는 투쟁을 하였다. 이와 같은 투쟁은 백두산 골짜기를 누비며 일본 경

찰과 맞서 싸웠던 의병들의 투쟁과 다를 바 없다고 생각한다.

이들은 모두 한국의 독립을 위하여, 한국의 산업화를 위하여 그리고 한국의 민주화를 위하여 싸운 장한 한국의 젊은이들이다. 이들이 있었기에 한국이 산업화를 이룰 수 있었고, 또 정치적인 민주화를 이룰 수 있었다. 20세기 한국의 근대사는 이런 젊은이들의 피땀으로 일군 금자탑이라고 해도 지나친 말이 아닐 것이다.

그리하여 이들은 한국을 대내적으로는 농업국을 공업국으로 전환시켰고, 대외적으로는 세계 10위에 드는 '경제 강국' 그리고 민주화를 이룩한 '근대 국가'로 변모시켰다. 한국의 5,000년 역사상 몇 번의 왕조 교체가 있었으나 이것은 단지 통치권자가 바뀌었을 뿐 국가가 농업국에서 공업국으로 변화하는 체질 개선을 한 것은 아니었다. 농업국에서 공업국으로의 체질 개선은 사회의 대변혁으로서 역사적으로 그 의미가 크다. 그러므로 이러한 국가의 체질 개선에 동참한 우리 국민은 자부심을 갖지 않을 수 없다.

한국이 세계 10대 경제 강국으로 진입하고 서구 이외의 지역에서 정치적인 민주화를 이룩한 것은 세계가 경탄할 만한 것으로 흔히 '한강의 기적'이라고들 말한다. 따라서 이러한 일련의 과정들을 건국이라는 말로 표현하여, 대한민국의 탄생을 제1의 건국, 공업화·산업화를 제2의 건국 그리고 민주정치의 실현을 제3의 건국이라 한다. 다시 태어나기를 세 번, 한국은 이제 명실공이 선진국이 된 것이다. 이 과정에 동참한 민족이 어찌 영광스럽지 않을 것이며, 또 어찌 자긍심을 갖지 않을 수 있겠는가.

오늘날 우리의 문제는 나라가 경제적으로 세계 10대 경제 강국이 되었고, 정치적으로 민주화를 이룬 선진국이 되었으나 우리 국민의 의식은 여전히 선진국 국민답지 못하게 제도와 의식 사이에서 괴리를 겪고 있다.

이것을 '아노미 현상'이라 한다. 우리는 민족의 역량을 가다듬어 하루 빨리 이 괴리를 줄이는 작업에 매진해야 한다.

우리가 아노미 현상을 극복하는 과업에 머뭇거릴 수 없는 것은 세계의 흐름이 우리를 한곳에 오래 머물 수 없게 하기 때문이다. 우리가 중화학 공업을 일정한 수준으로 끌어 올려 산업화를 완성할 단계까지 진입하였으나 곧바로 후기 산업사회가 전개되었던 것과 마찬가지로, 지금 세계는 빠른 속도로 산업화 시대에서 정보화 시대로 바뀌어가고 있다. 정보화 시대는 지식이 산업이기에 '지식산업 사회'라고도 하고, 지식의 내용이 문화적인 특성을 띄고 있기에 '문화산업 시대'라고도 한다. 우리가 산업화를 추진한 것은 무(無)에서 유(有)를 창조한 것이지만, 문화산업 시대는 전통문화를 현대문화로 변형시키는 것이기 때문에 유(有)에서 유(有)를 창조한다.

우리는 바야흐로 '문화전쟁 시대'에 진입하였다. 현재 진행되고 있는 구체적인 문화전쟁 사안은 미국 내 한국어, 중국어, 일본어 간의 경쟁이라고 말할 수 있다. 미국 중·고등학교에서는 아시아 세 나라의 언어 중 어떤 것을 선택하느냐 하는 경쟁이 벌어지고 있다. 이것은 미국 학교가 결정하는 사항이지만 중국과 일본이 막대한 예산을 투입하여 자신들의 언어를 선택할 수 있도록 치열한 경쟁을 벌이고 있다. 반면 한국은 미온적 반응을 보이고 있다.

확실한 것은 미국 연방정부가 기회가 있을 때마다 한국어를 중국어, 일본어와 같은 수준에 놓고 중요성을 강조하여 주는 것이다. 이 부분에서 우리는 미국의 한국 중시 의식을 읽어야 한다.

한류(韓流)는 바로 문화전쟁 시기의 문화경쟁에 대한 구체적인 사항이다. 한류는 일본과 중국, 그리고 동남아시아를 거쳐 프랑스를 통해 유럽으로 전파되고 있다. 또한, 뉴욕을 통해 미국으로, 이집트를 통해 중동과 아프리카로 전파되어 가고 있다. 이제 문화전쟁을 확실히 인식하고 보다 적극적인 대책을 세워 나아갈 때가 온 것이다.

이에 우리 민족이 앞으로 나아가야 할 바를 제시하기 위해 한국의 건국에서부터 정리하였다. 그리고 이것을 제4의 건국이라는 말로 표현하여 보았다. 가장 중요한 것은 우리 민족이 가져야 할 자신감이다. 우리는 경제적으로 세계 10대 강국에 진입한 민족으로서의 자부심과 정치적인 민주화를 이룬 민족으로서의 자긍심을 가져야 한다. 우리나라는 이제 더 이상 약소국이 아니며 더 이상 결손국가도 아니다. 우리 민족이 4강(强)에 둘러싸인 다섯 번째 강국으로서 자신감을 가졌으면 하는 바람에 이 책을 쓴다.

이 책은 한반도에 거주하는 한민족과 세계 170여 개국에 흩어져 있는 해외동포가 하나 되기 위하여 결성한 재외동포 포럼의 지침서이다. 재외동포 포럼은 '재외동포와 함께 세계화로'를 표방하며 국·내외 한인의 감성과 지혜를 모아 도약의 발판을 마련하고자 한다.

마침 여백이 있어 2007년 1년간 미국에 체류하면서 강연회를 한 것 중에서 교포는 물론 한국에 계신 독자에게도 유익하리라 생각되는 강연록 다섯 개를 선정하여 부록에 기재하였다.

재외동포 포럼에 참가하신 여러분에게 감사드리며, 이 책의 출판에 협력하신 북코리아의 이찬규 사장님과 직원들에게도 감사하는 바이다.

2009년 6월
분당 송현재에서

차례

머리말 / 5

제1장 서론 ·········· 11

한국의 위상 14

자아의식 17

자부심 20

목적의식 22

결 론 23

제2장 한국의 변화와 발전 ············ 25

제1의 건국 : 대한민국 수립 28

제2의 건국 : 경제 발전 33

한국의 사회변동 46

제3의 건국 : 한국의 민주화 51

후기 산업사회 69

정보산업(IT) 69

생명공학(BT) 77

나노기술(NT) 82

문화산업(CT) 84

후기 산업사회 현상 90

제3장 한국어 ············ 97

재외동포 현황 100

동포의 공로 105

미국에서의 한국어 교육 107

중 · 고등학교 109

한국학교 111
미국에서의 한국어 위상 114

제4장 한국 전통문화 121

문명론적 문화 124
전략적 문화 125
한류문화 127
음식문화 130
탈놀이 139
사물놀이 140
3성 5현 142
사회문화 146
의례문화 149
예술문화 151
새로운 문화영역 153

제5장 결 론 157

부 록 167

재미동포 지도자 여러분에게 170
현대사회와 한국어 교육의 중요성 176
자랑스러운 한인사회로 가는 길 182
한민족의 미래와 한국어 교육 193
미국을 떠나며 212

참고문헌 218

제 1 장
서 론

서 론

   2008년은 대한민국이 수립된 지 60주년이 되는 해이다. 건국 60주년이라면 나라가 탄생한 지 환갑이 되는 해로 그 어느 때보다 성대한 경축행사가 있어야 하겠으나, 다른 나라와 비교하여 보았을 때 만족스러울 정도의 성대한 기념행사가 이루어지지 못하였다. 그것은 우리나라 건국에 대해 우리 민족 스스로가 자신이 없었기 때문이 아닌가 생각된다. 이것은 대한민국의 건국이 통일 한국에 방해가 되는 잘못된 일이라 생각하여 대한민국 수립을 부정적으로 보는 견해가 한때 만연한 적이 있었기 때문일 것이다.

   그러나 타의에 의하여 분단된 상황에서 그나마 자유민주주의와 시장경제를 기반으로 하는 대한민국이 성립되었다는 것은 다행이 아닐 수 없다. 이러한 의미에서 대한민국에서 태어나 대한민국에서 자란 대한민국의 국민은 대한민국 건립을 진심으로 축하하고, 자랑스럽게 생각하여야 하며, 대한민국의 탄생 60주년을 보다 성대하게 치르고, 진심으로 축하해야 한다.

🏵 한국의 위상

대한민국은 참으로 기적 같은 나라이고, 위대한 나라이다. 대한민국에서 살아가는 우리는 대한민국의 국민임을 자랑스러워해야 마땅하다. 세계의 많은 나라들이 오늘의 한국을 부러워한다. 특히 산업화를 서두르는 동남아시아의 여러 나라들은 한국을 모델로 삼아 따라가기를 바란다. 이를테면 말레이시아의 산업화를 추진한 마하티르 모하마드 수상의 유명한 '동방 정책(Look East Policy)'이 그것이다. 말레이시아가 산업화를 통해 근대국가로 발돋움하려면 동방을 모델로 해야 하는데, 그 모델로 삼은 것이 일본과 한국이다. 동방의 선진국인 일본과 한국을 모델로 삼아 이들을 모방하고 배우려는 것인데, 사실 일본은 그들과의 격차가 너무 크기 때문에 따라가기가 어렵다. 반면 한국은 일본에 비해 격차가 적어 모델로 삼기에 적합하다.

한국을 모델로 삼는 것은 산업화 과정에 있는 후진국만이 아니다. 선진국에서도 한국의 사회적·경제적 여건을 높이 평가하고 있다. 예컨대 세계적 에너지 회사인 에이멕(AMEC)의 사미르 브리코(Samir Brikho) 회장이 홍콩에서 본사를 철수한 후 11년 만인 2008년에 다시 아시아를 찾으면서 그 본사를 한국에 세우기로 하였다. 그가 한국을 선택한 이유는 한국에 우수한 인적자원이 풍부하고, 정보기술(IT)의 인프라가 잘 구축되어 있기 때문이라고 한다. 또 한국인의 높은 교육수준과 근면하고 성실한 점이 매력적이라고 했다. 이뿐만 아니라 한국이 원자력발전소를 건설한 경험을 높이 평가하였다. 유럽의 경우, 안정성 논란으로 원자력발전소의 건설과 운영이 장기간 중단되어 실전 경험이 있는 젊은 인력이 없기 때문에 이런 점에서 한국이 유리하다는 것이다.

경제적 조건과 사회적 환경 때문에 한국을 선호하는 또 다른 사람으로는 조지 소로스(George Soros) 회장을 들 수 있다. 열린사회재단(Open Society Fund)의 조지 소로스 회장은 1998년 한국의 외환위기를 목격하였고, 당시 김대중 대통령이 취임하기 전에 일산 자택에서 문제를 처리하는 모습을 직접 지켜보았던 사람이다. 그는 한국 기자와의 인터뷰에서 "한국은 세계에서 투자하고 싶은 몇 안 되는 나라 중 하나임에 틀림없다"고 말하였다. 이것은 외환위기 당시 한국에 투자한 경험이 있으며, 한국 기업들의 지배구조 선진화와 개방화 노력을 봐왔기 때문이다(중앙일보 2005. 8. 10).

경영학의 대가인 피터 드러커(Peter F. Drucker) 박사는 그의 저서인 『프로페셔널의 조건』 서문에서 한국전쟁 후 25년이라는 짧은 시간 동안 한국이 이룩한 사회변혁보다 더 훌륭한 성공사례를 세계 어디에서도 찾아볼 수 없다고 하였다. 제2차 세계대전 이후 어떤 나라도 ―러시아도, 독일도, 일본도― 한국전쟁을 치른 한국만큼 철저하게 파괴되지는 않았다. 그런데 한국전쟁 이후 25년 만에 완전히 현대화된 새로운 한국이 등장하였다. 많은 빌딩이 세워지고, 거대한 조선소가 건설되었으며, 많은 사람이 공장에서 활기차게 일하고, 대규모 종합대학도 설립되었으며, 전국을 거미줄처럼 연결하는 고속도로가 놓이고, 국제공항도 들어섰다"고 칭찬하였다.

피터 드러커 박사의 말을 보충하면 제2차 세계대전 후 완전한 경제순화체계를 갖추지 못한 이른바 식민지 경제체제에서 출발한 한국이 한국전쟁으로 완전히 폐허가 되었음에도 25년이라는 짧은 기간 내에 선진국에 오른 유일한 나라라는 것이다.

『아시아의 다음 거인(Asia's Next Giant)』을 저술한 앨리스 암스덴(Alice H. Amsden)도 후발 산업화(Late Industrialization)의 대표적인 나라 그리고 가장 성공적으로 산업화를 이룩한 나라로 한국을 주목하였다. 그는 그의 저서에서 산업화를 선발 산업화, 2차 산업화 그리고 후발 3차 산업화로 나누고, 선발 산업화에는 영국, 2차 산업화에는 독일과 미국, 그리고 후발 3차 산업화 국가로 일본을 포함한 브라질, 멕시코, 인도, 터키, 한국, 대만 등을 열거하였다. 암스텐은 후발 3차 산업화에 포함된 여러 나라 중에서도 한국을 대표적인 나라로 선정하여 분석하고 '아시아의 다음 거인'이라고 했다. 후발 산업화의 특징은 위로부터의 개혁이다. 한국의 경우, 탁월한 지도력을 가진 통치자가 있었고, 무엇보다 그의 의사를 잘 따르는 수준 높은 국민이 있었으며, 특히 성실하고 근면한 대중과 노동자의 희생이 있었기 때문에 성공적으로 근대화를 이룩할 수 있었다고 평가하였다.

독일의 『디 벨트(Die Welt)』지는 2005년 '한국이 온다'라는 특집 기사에서 "한 번이라도 한국 휴대전화를 써보고 한국 영화를 본 적이 있다면 누구도 분단과 가난으로 고통 받던 동북아시아의 작은 나라를 떠올리지 못할 것"이라고 했다. 한국식 첨단 정보기술(IT)제품과 문화 콘텐츠가 세계인의 뇌리 속에 '한국 = 선진국'이라는 이미지를 심어주고 있다는 말이다 (한국일보 2006. 2. 6).

특기할 만한 사실은 골드만 삭스(Goldman Sachs)가 한국을 평가한 것이다. 골드만 삭스는 한국을 평가하기를 "1963년 GDP가 100달러 미만이었던 나라가, 1995년 기록을 깨는 성장으로 1만 달러가 되더니 2007년에는 2만 5,000달러로 완전히 발달한 나라가 되었다."고 했다. 이 과정을 '한강의 기적'이라고 불렀는데, 이 기적은 GDP 5%를 유지하던 한국을 가장 빠르게 성장한 나라(the fastest developing developed countries)로 만들었다. 이러한 현상을 분석한 골드만 삭스는 한국을 전망하기를 2025년에 GDP가 5만 2,000달러가 넘는 세계 3대 경제부국이 될 것이며, 다시 25년 뒤에는 GDP가 8만 1,000달러로 미국을 제외한 세계 2대 경제 부국이 될 것이라고 전망하였다(Wikipedia, the free encyclopedia, 2008. 2. 28).

🌀 자아의식

한국인들에게 잘 믿어지지 않는 예측이지만, 한국인들은 골드만 삭스가 어떤 회사인지를 알면 이 회사를 일단 믿어보기로 한다. 그런데 문제는 이것을 믿지 않으려는 우리들의 의식이다. 현재 우리는 선조들이 살았던 시대보다 좋은 조건에 있으면서도 피동적이고 비관적인 허약한 의식을 떨쳐버리지 못하고 있다는 외국인의 지적을 받고 있다. 홍콩 과학기술대의 데이비드 쿡 교수는 한국 경제가 그렇게 나쁘지 않은데도 정부와 시장, 투자자들이 하나같이 자신감이 없어 하는 것이 오히려 경제를 더 어렵게 하고 있다고 말하였다. 그리고 이런 상황은 외국인에게 투자 기회로 다가온다고 했다. 그는 한국 경제의 중·장기 전망은 밝으며, 제2의 외환위기 같은 것은 결코 없을 것이라고 단언했다. 그는 또 금융위기는 한국뿐 아니라 미국, 유럽, 일본도 마찬가지라고 하였다. 다만 한국은 수출 비중이 커 다른 나라보다 외부 충격에 더 영향을 많이 받는 측면이 있다고 했다. 한국 주식시장의 원화가 너무 심하게 요동치지 않는가라는 질문에 그는 시장은 경제적 논리와 비경제적 논리, 즉 성향과 감정에 따라 움직인다고 말하였다.

경제 논리로 보면 요즘 한국 시장은 비정상적이다. 1997년 동아시아 외환위기 이후 이미징 마켓의 주식시장과 통화가치의 상관관계에 대한 연구를 했는데 결론은 의외로 별 영향을 받지 않는다는 것이었다. 그런데도 최근 한 달여 동안 한국에서는 원화 가치와 주가가 동반 추락하는 현상을 보였다. 이런 현상은 경제이론으로는 풀기 어려운 미스터리 현상이다. 데이비드 쿡 교수는 지금 한국 시장은 선입관과 감정이 지배하고 있다고 말했다. 감정은 한국 시장에 대한 이유 없는 불안이며 이는 한국 스스로의 자신감 결여가 한 원인이라고 하였다. 한국인들은 외국인 투자자들이 위기상황에서 현금 확보를 위해 포트폴리오를 재편성하고 한국 같은 신흥시장 비중을 줄이는 과정에서 구매한다고 생각하지만 꼭 그렇지는 않다. 오히려 한국 투자자들이 불안해하고 불안감이 확산되다 보니 외국인들이 더 불안해하는 악순환이 계속되는 측면도 있다. 아직도 많은 외국인이 한국 경제를 10년 전 외환위기 당시의 시각으로 보는 선입관도 문제다. 그는 이 문제를 한국 경제가 국제시장과의 소통이 부족했다는 증거라고 하였다. 한국 경제는 신흥시장이라기보다 사실상 선진국 마켓이다. 10년 전과는 비교도 할 수 없이 펀더멘털(fundamental)이 건실하고, 기업은 국제 경쟁력이 있다. 그러므로 제2의 외환위기 가능성은 없어 보인다고 데이비드 쿡 교수는 말했다. 그는 한국이 스스로 너무 비관적인데 이게 오히려 투자 기회가 된다고 보고 있다. 물론 문제도 있다고 말한다. 예컨대 기업지배구조는 여전히 코리아 디스카운트로 작용하고 있기 때문이다(중앙일보 2008. 10. 31).

우리의 문제는 데이비드 쿡 교수가 지적하듯이 한국인이 한국에 대한 자신감이 없는 것이고, 스스로가 너무 비관적인 의식을 갖고 있는 것이다. 우리가 아직도 열등의식이나 피해의식에서 벗어나지 못한 것을 지적한 한국인으로는 전 외무부 장관인 윤영관 교수의 글을 볼 수 있다. 중국의 수뇌부를 만나고 온 윤영관 교수는 중국 수뇌부가 북한의 2006년 미사일 발사와 핵실험으로 북·중 관계가 미묘해진 것은 사실이지만, 북한이 중국의 전통적 우방으로서 아직도 중요하다고 말했다. 그러면서 동시에 한·중 관계가 수교 이후 얼마나 깊어졌는지를 언급했고, 무슨 일이 생기면 한국을 포함한 관련 당사국들과 먼저 협의해야 하지 않겠느냐는 반응을 보였다. 어떤 전문가는 한·중 간에는 항공편이 1주일에 800편이 뜨는데 북·중 간에는 5편 밖에 뜨지 않는다는 의미심장한 말을 하기도 했다. 미국의 전문가들도 대부분 한반도 미래에 대한 한국의 태도와 입장이 무엇인지가 미국의 정책에서 중요하다고 말한다. 미국은 한반도 긴급사태 시 한국의 반응이 어떤지를 먼저 보고 그에 맞추어 대응할 것이라는 것이다. 지금 밖에서는 한국을 주목하고 한국이 어떻게 해나가느냐가 가장 중요한 고려 사항이라고 말하면서 관심을 보이고 있다.

그런데 정작 우리는 우리 입장을 국민적 합의 위에 튼튼히 세우고 그것을 어떻게 국제적으로 설득해 나갈 것인지를 궁리하기보다는 이 나라가 이렇게 하면 어떡하나 저 나라가 저렇게 하면 어떡하나 걱정만 하고 있는 것은 아닌지 염려스럽다. 한반도의 미래를 주도해 나갈 주인의식을 갖고 전략과 전술을 준비하면서 주변국과의 관계를 다져나갈 생각은 않고 고래싸움에 등 터지는 새우처럼 막연한 강대국 권력정치론의 함정에 빠져 우리 문제에 손님처럼 임하고 있는 것은 아닌가 하는 우려도 있다.

물론 한국은 주변국들에 비해 상대적으로 작은 나라다. 그러나 더 이상 1세기 전과 같은 일제강점기도, 반세기 전 전쟁을 치르고 기아선상에서 허덕이던 주변부 후진국도 아니다. 세계에서 경제 규모 12위를 차지한다고 스스로 자랑하는 우리들이다. 그런데도 혹시 우리의 의식은 1세기나 반세기 전과 다름없이 당하기만 하는 나라라는 피해의식에 사로잡혀 있는 것은 아닌가 걱정된다. 그렇다면 정말 우리에게 미래는 없는 것이다.

그는 결론을 내리면서 스스로의 힘을 과대평가해 무엇이든 마음먹은 대로 다 할 수 있다는 환상은 위험하다고 하였다. 신중하지 못한 외교적 판단을 할 수 있기 때문이다. 그러나 그것 못지않게 위험한 것은 우리는 작은 나라이기 때문에 강대국에 끌려갈 수밖에 없다는 자포자기의 의식이라고 하였다.

🏵 자부심

한국은 건국 60년 만에 기적의 역사를 이룬 나라이다. 앨리스 암스덴은 한국을 후발 산업화 국가의 대표적인 사례로 여겼으나, 그가 후진 산업화 국가군으로 본 멕시코, 인도, 브라질, 터키 등은 제2차 세계대전이 끝나고 독립되었을 때 우리와 같이 식민지경제체제를 가진 나라는 아니었다. 식민지경제체제는 나라가 하나의 경제적인 순화체계를 갖지 못하였다는 것이다. 식민지경제체제를 가진 그 어떤 나라도 우리나라의 한국전쟁처럼 비참한 그것도 철저한 파괴를 당한 나라는 없었다. 이러한 불리한 조건에서 한국이 경제 12대 강국이 되었다는 것은 기적 중의 기적이다.

한국이 12대 강국이라는 것은 산업사회의 경제기준에서 말하는 것이다. 그러나 현재 우리는 후기 산업사회, 지식 산업사회에 살고 있다. 후기 산업사회의 기준은 IT(정보화 기술), BT(생명 공학), NT(나노 기술), CT(문화 기술) 등이다. 이 분야에서 한국은 12대 강국 중 3위 이내의 세계 최상급에서 맹활약을 하고 있다. 이것이 어떻게 후진국이고 개발도상국가란 말인가. 이제 한국은 일등 국가이다. 우리는 일등 국가의 국민다운 의식을 가지고 일등 국민다운 행동을 하여야 한다.

최첨단 기술을 선도하는 나라의 국민다운 의식 구조를 가져야만 우리에게 미래가 있다. 우선 우리는 약소국이 아니라는 의식, 우리는 후진국이 아니라는 의식 그리고 우리는 열등한 민족이 아니라는 의식을 가져야 앞으로 미래를 개척하고 미래를 선도하는 나라가 될 것이다.

여기에서 제기하려는 문제의식은 왜 열등의식을 가지게 되었는가가 아니라 왜 우월의식을 가져야 하느냐 하는 것이고, 왜 피해의식을 가지게 되었는가 하는 것이 아니라 왜 주체의식을 가져야 하는가 하는 것이며,

왜 부정적 민족관을 가지게 되었는가가 아니라 왜 긍정적 민족관을 가져야 하는가이다.

그러기 위해서는 우선 한국인으로 태어난 것을 기쁘게 생각하여야 한다. 백인이나 흑인의 중간인 황색 인종으로 태어난 것이 기쁘고, 중국인으로 태어나지 않은 것이 기쁘며, 일본인으로 태어나지 않은 것이 또한 기쁘다. 13억의 중국인으로 태어났으면, 워낙 인구가 많으므로 개체로서의 인간이 아니라 다수의 집단적인 인간으로 취급되었을 것이다. 일본인으로 태어났다면, 잔인하고 졸렬했던 역사를 가진 나라의 국민이 되었을 것이라는 생각과 함께 한국인으로 태어난 것이 이렇게 기쁠 수가 없다.

무엇보다 한국인으로 태어난 기쁨을 맛볼 수 있는 것은 대한민국이라는 한반도에 거주하기 때문이다. 경주를 거닐면 원효 대사가 이곳에서 살았었다는 생각이 들어 경주 땅을 밟는 것이 기쁘기 짝이 없다. 서울을 거닐면서는 세종대왕께서 이곳에서 사셨고, 세종대왕께서 밟으셨던 땅을 내가 밟는 것이 그렇게 기쁘고 즐거울 수 없다.

한국에 태어났으면서도 만일 20년 먼저 태어나 일제시대에 젊음을 보냈더라면 얼마나 고통스러웠을까를 생각하게 되고, 만일 20년 후에 태어났으면 오늘의 건국과 발전, 다시 말해 과도기의 힘들고 어려웠으나 영광스러웠던 민족사의 과정에 동참하지 못하였을 것이라 생각하면 안타깝다. 20세기 후반 한민족이 수난의 시기를 지나 번영의 시기로 방향을 잡았을 때 대한민국을 세우는 제1의 건국, 한강의 기적을 이룩하는 경제 발전의 제2의 건국, 그리고 민주정치를 실현하는 제3의 건국이라는 인류 역사에 드문 그리고 한민족사에서도 드문 역사의 과정 속에서 그 과정을 보고 동참하였다는 것을 생각하면 한국인으로서 현재를 살아간다는 것이 이렇게 영광스러울 수 없다. 말하자면 현대 한국을 사는 우리는 60년의 성공의 역사를 보았고, 기적의 역사를 살았던 것이다. 이 어찌 영광스러운 주인의식을 갖지 아니하리오. 이 어찌 자랑스러운 주체의식을 갖지 아니하리오!

이 발전의 역사를 다시 한 번 되돌아보면서 우리는 한민족으로 태어난 기쁨과 즐거움에서 선민사상을 갖고, 한국에 태어난 즐거움으로 주인의식을 갖고, 한국 근대화에 동참한 강한 자부심을 가져야 하겠다.

🌸 목적의식

우리가 주인의식을 갖고 한국이 발전하여 무엇을 할 것인가, 왜 발전해야 하는가 말하기 위해서는 우리에게 목적의식이 있어야 한다. 골드만 삭스는 2025년 그리고 다시 25년 후인 2050년 대한민국이 세계 2대 부국이 된다고 한다. 그렇다면 세계 2대 부국이 되는 목적은 무엇인가. 우리는 일본과는 다른, 그리고 미국과도 다른 발전의 목표가 있어야 한다. 세계 2대 부국이 되는 것이 목적이어서는 안 된다. 이것은 어디까지나 과정이지 목적은 아니다. 한국이 발전하여 선진국이 되고 부강한 나라가 되어야 하는 것은 우리와 같이 과거 식민지였던 나라와 차별받고 있는 유색 인종에게 희망을 주기 위해서이다. 이 세상에 존재하는 모든 국가와 민족은 한국을 본받아 모두 열심히 살고 부지런히 공부하여 백인이건, 황인이건, 흑인이건 모두 자기가 타고난 재주와 능력을 발휘해 인류 공동의 번영에 이바지하여야 한다.

제3의 건국을 끝낸 우리는 이 세계사가 우리민족에게 부여한 이 목적을 달성하기 위하여 다시 제4의 건국을 향해 매진해야 한다. 제4의 건국이란 세계 국가로 거듭나는 것이다. 세계 국가란 세계 모든 나라가 마음으로 우러러보는 그런 나라가 되는 것이다. 이를 위해 우리는 미국에게 민주정치를 배우고, 일본에게는 근면함을 배우며, 중국에게는 느긋한 '만만디(慢慢的)'를 배우고, 러시아에게는 강한 인내심을 배워야 한다. 무엇보다도 이러한 한민족의 임무를 수행하기 위해서는 현지에 거주 중인 교포들의 도움이 절실하다. 재외한인 800만 명은 한인들을 대표하여 그 나라에 거주하면서 한국인의 우수성을 만방에 알리고 한국인의 자존심을 해외에 널리 알려 한인의 세계사적 소명을 수행해야 한다.

 결 론

오늘의 한국이 어떻게 이루어졌으며 그 과정이 어떠하였는가를 제2장에서 '한국의 변화와 발전'이라는 제목으로 다루어 보기로 한다. 이것은 60년의 한국의 발전사를 정리하여 자랑스러운 한국이 된 과정을 널리 알리기 위함이다.

제3장에는 외국이 한국을 어떻게 평가하느냐 하는 것으로 특히 미국에서 최근에 전개되는 한국어 보급에 관한 내용을 정리하여 보기로 한다. 미국이라는 국제 사회가 한국과 한국어를 어떻게 평가하고, 미국의 외국어 정책과 이곳에서의 한국어의 현황을 살핌으로써 한국어의 위상, 더 나아가 한국의 위상을 알아보기로 한다.

그리고 제4장에서는 '한국 전통문화'라는 제목으로 한국의 문화, 한류를 살펴보고 특히 한국의 전통문화를 분석을 통해 한국 전통문화의 기본 구조를 파악하여 한국 문화의 세계화에 어떻게 공헌할 것인가를 생각하기로 한다.

제 2 장
한국의 변화와 발전

한국의 변화와 발전

제2차 세계대전이 끝난 후 독립 국가를 이룬 나라는 142개국이다. 이들 중 한국만이 완전한 의미의 독립 국가를 이루었다. 정치학자들의 말에 의하면 하나의 나라가 독립을 하는 데 세 단계가 있다고 한다. 첫째 정치적인 독립, 둘째 경제적 독립, 셋째 정신적 독립이 그것이다. 한국이 1948년에 이룩한 독립은 정치적인 독립이며 이것을 '제1의 건국'이라 한다. 제2차 세계대전 후 독립 국가를 이룬 나라들은 정치적인 독립을 했다. 둘째, 경제적 독립을 이룩한 나라는 그리 많지 않다. 한국이 경제적으로 독립하였을 뿐만 아니라 경제 12위의 강국이 되었다는 것은 다른 독립 국가와는 구분되는 점이다. 이것을 '제2의 건국'이라 한다. 셋째 정신적인 독립은 한국의 경우 민주적인 정치과정을 이루었기 때문에 이것을 '제3의 건국'이라 한다. 이렇게 한국은 가장 불리한 조건에서 시작하여 세 단계의 독립을 이룬 유일한 나라이다.

그 중에서 한국은 산업화를 이루는 과정에서 두 가지의 특이한 현상을 갖게 되었다. 그 하나가 한국 사회의 체질 개선이고, 다른 하나가 한인의 해외 진출이다. 한국 사회의 체질 개선이란 한국 사회가 농경사회에서 산업사회로 변한 것이다. 농경사회와 산업사회는 큰 차이가 있으므로 이와 같은 변화 사회의 체질 개선으로 보았다. 그리고 인구의 해외이동으로 생겨난 재외동포 사회는 현재 170여 개 국가에 이르며, 그 수가 800만에 이르러 한반도 인구의 거의 10%가 넘는 인구가 해외에 거주하고 있다. 이것은 수적으로도 많으려니와 그들의 역할과 기능으로 보아 한민족의 큰 자산이며, 앞으로 국제화시대라는 조건에서 더 큰 역할과 기능을 담당할 한인이라는 데 의미가 있다.

이곳에서 한국이 해방 이후 진행하여 온 제1의 건국 과정과 경제발전으로서의 제2의 건국 그리고 정치적인 민주화를 이루는 제3의 건국을 보기로 하고, 이에 따른 한국 사회의 변화된 양상을 분석하여 보기로 한다.

제1의 건국 : 대한민국 수립

1945년 8월 15일 연합국에 대한 일본의 항복은 일본의 식민지였던 우리에게 더없는 기쁨이었다. 일제로부터의 해방은 바로 독립국가의 건설로 이어지는 것이었다. 그러나 8월 8일 일본 나가사키에 투하된 원자탄으로 일본의 패망을 직감한 소련은 한반도 동북단에서 한반도로 진군하더니, 38선 이북 북한 땅의 일본군 무장해제와 동시에 소련식 위성국가의 건국을 서둘렀다.

이와는 달리 남한에는 만주와 북한에서 피난 오는 사람들, 일본에서 오는 귀환 동포와 동남아시아 전선에서 철수해 오는 청년들이 뒤섞여 큰 사회적인 혼란을 겪었다. 더욱이 지도자를 자칭하는 정치인들이 군소정당을 만들어 수십 개의 정당이 난립하는 등 정국은 말할 수 없는 혼란과 무질서 속에 놓였다. 이를 수습하고 일본을 공격하는 주역을 담당하였던 미국은 9월 9일에야 한반도에 상륙하였으며, 무장해제로 임무를 끝내고 철군하는 것으로 생각하고 아무 준비 없이 군정을 실시하기에 이른다.

당시의 국제 정세는 미국과 소련이 양극을 형성하는 냉전 체제에 있었고, 한반도가 38선으로 분단된 것은 냉전 체제의 산물이었으므로 한국 사람의 의지로 이것을 허물거나 극복하기란 불가능한 상황이었다. 당시 우리나라와 유사한 상황에 놓인 나라가 오스트리아였다. 소련령과 미국, 영국, 프랑스령으로 양분될 위기의 오스트리아 해방정국에 직면한 민족 지도자들은 양분된 지역의 책임을 맡았을 때 이것을 사양하고 연립내각을 구성하였다. 이러한 상황은 유럽의 선진국에서나 볼 수 있었던 것으로 당시 국민국가의 경험이 없었던 한국에게는 도저히 상상할 수 없었던 상황이었다. 특히 한반도에 지대한 관심을 가진 소련은 치밀한 계획을 수립하고 모스크바에서 평양으로 상세한 지령을 내려 건국을 준비하여 군대를 정돈하여 나아갔으며, 무력에 의한 남한 점령을 계획하여 모든 상황을 일사불란하게 진행하고 있을 때였다.

북한과는 달리 남한에서는 수십 개의 정당이 난립하여 제자백가의 혼탁한 정치상황에 놓여 있었고, 좌우 이념 갈등과 대립 양상은 극도에 달하여 테러와 유혈 사태에까지 이르렀다. 특히 정치적인 중심세력으로 환란을 수습하고 건국을 서둘러야 할 미군정은 미숙하다 못해 무능하기 짝이 없었을 때였다. 해외에서 귀국한 민족 지도자 이승만, 김구, 김규식과 같은 인물이 없었다면 혼란은 더욱 심하였을 것이다.

혼란한 상태에서 그나마 방향을 제시하고 신탁통치 반대까지 합심하였던 이승만과 김구, 김규식과 같은 민족지도자들은 최종 단계인 건국에서 분열을 가져왔다. 이것을 '건국 전쟁'이라 한다. 대한민국의 운명을 결정

할 5 · 10 총선거를 반대하고 북한을 찾은 김구와 김규식은 오히려 김일성의 조소의 대상이 되고 말았다.

1948년 8월 15일 초대 대통령으로 추대된 이승만 박사가 중앙청 청사 앞 광장에서 대한민국의 건립을 선포하는 경축식을 거행하였다. 대한제국이 일본에게 병합된 1910년으로부터 38년 만에 대한민국으로 다시 태어나는 역사적인 순간이었다. "나 이승만은 국헌을 준수하고, 국민의 복리를 증진하며, 국가를 보호하여 대통령으로서의 직무를 성실히 수행할 것을 국민에게 엄숙히 선서한다!"라고 하였다. 이승만 박사의 선서로 시작된 대한민국의 건립 선포는 한반도를 영토로 하고 3천만을 국민으로 하는 주권 국가의 시작, '제1의 건국'이다.

대한민국 정부의 수립은 미국의 영향 하에 실시된 것이나, 엄밀히 따지면 이승만의 유엔 원격조정에 의하여 이루어진 것이었다. 김활란, 조병옥, 임병직, 임영신 등 미국 유학파를 유엔에 보내되 누구와 어떻게 접촉할 것인지 구체적인 지시에 따라 한국에서 유엔 감시 하에 총선거가 치러지고, 이에 따라 대한민국의 건립을 보게 되었다.

대한민국의 헌법이 대통령 중심제로 시작하는 것도 이승만 대통령의 완고한 주장에 따른 것이다. 좌우의 극단적인 이념 대립과 식량난의 인플레이션까지 총체적인 혼란을 겪은 당시, 이 대통령은 내각책임제보다 대통령중심제가 보다 빨리 정국을 안정시키리라고 판단한 것이다.

대한민국의 수립으로 체제 선택을 놓고 벌인 세력 간의 갈등은 일단 수습된 것으로 보이나, 이른바 '건국 전쟁'은 5 · 10 총선 전에 제주 4 · 3 항쟁을 치렀고 정부 수립 후까지 그 여파로 발생한 10 · 19 여순 사건이 시민사회로 전파되어 대중 봉기로 이어지고 순천, 광양, 구례, 곡성, 보성 등지로 확산되었다. 정부 수립 2개월 만에 발생한 무장의 반란은 폭력과 폭력으로 이어지는 살육의 전쟁으로 끝을 맺는다.

1945년 8월 15일 해방으로부터 1948년 대한민국의 건국까지 3년의 기간은 어둠이 지나고 새벽의 동이 트는 혼란과 혼돈의 시기였으며, 해방과 분단, 그리고 건국으로 이어지는 숨 가쁜 시기였다. 이 시기에 이승만 박사라는 특별한 인물이 있었기 때문에 혼란이 수습될 수 있었다. 당시의 국제 정세를 해독하는 능력이나 국내의 정치적인 혼란을 수습하는 능력, 그리고 건국으로 나아가는 추진력은 이승만이라는 카리스마를 갖춘 탁월한 정치가가 있었기 때문에 가능했다.

대한민국의 성립을 부정적으로 평가하는 의견이 있을 수 있으나 이는 당시 해방과 분단, 그리고 건국이라는 세 가지 사항과 조건에서 해방과 분단이라는 사항만 중시하고, 건국을 과소평가한 것에 불과하다. 그러나 한국에게 주어진 외부의 냉전과 분단이라는 조건은 한민족의 어쩔 수 없었던 운명과 같은 것이었고, 미국 진영에 놓인 대한민국이 자유 민주주의를 선택한 것은 불가피한 것으로 건국을 서두를 수밖에 없었던 것이다. 현재의 정치적인 민주주의와 경제적인 시장경제는 이 당시에 자유민주주의를 선택하고 대한민국이 성립되었기 때문에 가능한 것이라고 볼 수 있었다.

제1의 건국인 대한민국 수립은 1950년에 발발한 한국전쟁까지 치르고 나서야 확립된다. 흔히 한 나라의 국민의식은 전쟁을 치를 때 확립된다고 한다. 한국은 이러한 국민의식 확립 과정을 같은 민족끼리의 전쟁을 통해 거친 까닭에 마치 문어가 제 발을 잘라먹은 격이 되었다. 같은 민족끼리 국민의식을 확립 과정을 거쳤기 때문에 남북 민족 간의 적개심은 다른 민족과의 전쟁에서 얻은 것보다 컸다.

한국전쟁은 남한을 도와준 16개국 그리고 북한을 도와준 중국과 소련 등 국제적인 전쟁이었으나 한반도에 국한된 특이한 전쟁이었다. 그리고 남북으로 네 번에 걸친 전선의 이동은 적군과 아군의 구별 없이 모두 잿더미에 앉은 완전 파괴를 가져온 비극 중의 비극으로 끝났다.

한국전쟁은 한민족에게 중요한 의미와 교훈을 남겼다. 첫째, 통일의 교훈이다. 한국전쟁은 이미 국제 전쟁이 되었으며, 어느 한쪽이 다른 한쪽을 무력으로 통일할 수 없다는 교훈을 우리에게 남겼다. 한국전쟁이 구한말부터 시작한 사회개혁에 큰 획을 그은 사회변혁을 가져온 것이다. 일제, 해방, 건국, 전쟁이라는 엄청난 사회변화를 통하여 한국 사회는 근본적인 대개혁을 단행하였다. 남북의 전선이 내려왔다 올라갔다를 반복하면서 머슴이 주인에게 저항을 하는 유혈사태가 벌어지기도 하였고, 백정 마을이 없어지기도 하였다. 말하자면 양반과 상놈의 반상제도가 없어지고, 특히 천민계급이 없어진 것은 한국전쟁이 가져다 준 사회개혁의 결과라 할 수 있다.

해방의 혼란스러운 정국에서 모두가 한국전쟁이라는 자유와 평화를 명목으로 내세워 싸웠으나 처참한 상황에서 오로지 구심점을 이루었던 것은 대통령이었다. 힘들고 어려운 모든 악조건에서도 오로지 대통령 한 명에 의지하여 국난을 극복하였으나, 그 대통령이 부정과 비리를 보이자 국민은 그를 배척하는 혁명을 일으켰다. 그리하여 4·19혁명은 한국이 처음 경험한 가장 정의로운 그리고 가장 힘든 혁명의 하나가 되었다.

이리하여 제1공화국은 비극으로 끝났다. 그러나 제1의 건국은 세계사에서 드물게 볼 수 있는 영도자에 의하여 이룩한 한민족의 위대한 사업이었다고 평가할 수 있으며, 한민족으로서의 자부심을 갖기에 충분한 건국이었다고 평가할 수 있다.

🌀 제2의 건국 : 경제 발전

한국의 제1공화국은 자유민주주의와 시장경제 원리를 기반으로 한 건국의 대업을 완성하였으나 한국전쟁으로 인하여 폐허가 된 한국은 나라를 재건할 여력이 없었다. 생활필수품조차 부족하였던 당시 미국의 식량원조와 기본적인 생활필수품 조달로 생활의 안정을 추구하여 가고 있었다. 1950년 당시 광공업 부문의 연평균 성장률은 20%에 달하였으나 경제전반의 성장률은 5%에 불과하였다. 더욱이 물가 상승률이 연평균 20~30%에 달하여 정부가 적극적인 안정화 정책을 실시하였으나 별다른 효과는 없었으며, 실질적인 경제성장은 산업화를 주도할 제3공화국의 등장을 기대할 따름이었다.

후진국 발전론에 의하면 후진국에서 가장 발전한 형태의 집단이 군대이다. 따라서 후진국에서는 자주 군대에 의한 쿠데타가 발생한다. 한국도 예외가 아니었다. 당시 한국과 같은 후진국에서는 군대가 가장 긴밀한 조직과 힘을 갖고 있었으며, 이들은 무질서한 장면 정권 하의 사회현상을 묵인할 수 없었다. 쿠데타로 정권을 장악한 제3공화국은 인간의 기본권인 의식주를 해결하는 기초에서 출발하지 않을 수 없었다.

한국의 경제성장은 박정희 대통령이 수출 증대를 통한 경제성장을 주도하는 1960년대부터 시작된다. 당시 한국의 경제성장은 크게 네 단계로 나누어 볼 수 있다. 첫째는 수출 주도의 경공업화 단계이고, 둘째는 본격적인 산업화인 중공업화 단계이며, 셋째는 산업화의 재조정기이고, 다음은 산업화의 원숙한 단계이다.

제1단계는 1960년 박정희 정권의 제3공화국에서 시작된다. 1961년에 집권한 박정희 정부는 경제성장을 최우선 정책으로 하고, 경제개발계획과 경제정책을 담당할 경제기획원을 설립하여 1962년부터 1차 경제개발5개년계획을 실시한다. 경제계획에 필요한 자금을 효율적으로 배분하기 위하여 재벌 소유의 은행 주식을 정부가 소유하고, 일반 상업은행의 민간주의 의결권을 법적으로 제한하였다. 이에 따라 상업은행은 공기업화 하였고, 정부가 투자 자원을 배분하는 은행의 역할을 담당하게 된다.

박정희 정부는 국내시장만으로는 경제성장의 효율성이 없다고 판단하고 수출을 국가 최고의 목표로 삼아 국가의 전력을 수출에 집중하였다. 정부는 수출하는 이에게 재정금융상 각종 특혜를 주었고, 수출품 생산을 위해 수입하는 원자재와 자본설비에 대해서는 관세 면제 및 특혜금융을 제공하고, 수입허가에 특별대우를 하는 등 혜택을 주었다. 정부는 해외 정보에 어두운 기업들을 위하여 대한무역진흥공사(Korea Trade-Investment Promotion Agency; KOTRA)를 설립하여 기업인들의 수출을 지원하였다.

국내 저축만으로는 자원이 부족하다고 생각한 정부는 외자유치에 적극 나섰다. 한미정상회담과 한독정상회담을 개최하고 투자유치단을 해외에 파견하였으나 별 성과를 거두지 못하고, 결국 일본에서 1965년 한일조약에 의한 5만 달러의 유상무상의 보상과 독일에서 빌려온 1억 8천만 마르크의 차관에 만족해야 했다.

이러한 정부의 수출주도 성장위주의 경제정책은 효과를 거두어 1962년에서 1971년 제1차, 제2차 경제개발5개년계획이 추진되는 동안, 연평균 9.5%의 경제성장률을 달성하였고, 1962년도 5,500만 달러의 수출액이 1971년에는 10억 7천만 달러로 연평균 40%의 증가율을 보이게 된다. 이는 산업구조의 변화를 초래하여 GNP에서 농업이 차지하는 비율이 37%에서 27%로 하락하고, 공업제품의 수출이 차지하는 비율이 1962년 27%에서 1971년 86%로 증가한다.

1964년 수출 1억 달러 달성 기념식이 서울 시민회관에서 개최되었다.

제1회 수출의 날 기념식은 정부와 온 국민이 오로지 수출에만 전념한 노력의 결과였다. 당시 수출품은 잡화류, 기계류, 식품류 등으로 현재로서는 상상하기 어려운 고무풍선, 부채, 나막신, 조화, 이쑤시개, 특수벽지, 말발굽, 젖꼭지, 걸레, 골판지 등 이색적인 것이 많았다(문화일보 2005. 7. 22).

경제성장이 급속도로 이루어지면서 저축률도 급속히 높아져 1962년 3.2%에 불과하던 저축률이 1975년에는 18%, 1986년에는 32%로 급성장한다. 이러한 저축율의 상승 덕분에 1980년대 후반에는 무역흑자를 이룰 수 있었고, 국민경제에 대한 외채부담도 줄일 수 있었다.

제2차 경제개발5개년계획을 성공리에 끝낸 후 한국 경제는 큰 전환점을 맞는다. 말하자면 제2의 발전 단계에 진입한 것이다. 1973년을 계기로 정부는 석유화학, 제철, 기계, 조선, 자동차, 전기 등 중화학공업 육성에 전력을 기울이게 된다. 정부는 이러한 산업의 육성을 위하여 금융을 지원하고, 국내시장을 보호하기 위하여 육성산업의 외국 제품 수입을 제한하였다. 이 기간 동안 은행 여신(與信: 금융기관에서 고객에게 돈을 빌려 주는 일)의 60%가 육성산업에 집중되어 경공업의 상대적인 위축을 초래하기도 하였다.

당시 세계 시장은 점차 중화학공업에 유리하게 전개되어 세계의 산업화 추세는 경공업 제품보다 중화학공업 제품에 대한 수요가 빠른 속도로 증가하고 있었다. 일본의 경우 1950년대 중반 중화학공업을 육성하는 방향으로 전환하였고, 한국의 경우 2차에 걸친 계획경제의 성공으로 한국도 일본을 따르게 되었다.

당시 경제 정책 전환에는 경제 외적 조건도 있었다. 미국 닉슨 행정부의 주한 미군 감축과 베트남전의 패망이 새로운 변수가 된 것이다. 한국은 자체 방어력을 키워야 할 필요성이 있었고, 이를 위해 중화학공업의 육성이 필요하였던 것이다.

정부가 자본을 소유한 재벌들에게 중화학공업으로의 진출을 권유하고 재벌에 대해 금융 등의 혜택을 주면서 한국에 재벌이 형성되어 갔다. 당시 10대 재벌은 1972년 평균 7.5개의 계열기업을 거느리고 있었으나, 1979년에는 세 배가 넘는 25.4개의 자회사를 두게 된다. 경제 전체에서 차지하는 재벌의 비중도 증가하여 40대 재벌이 차지하는 국내 총생산의 비율은 1973년 9.8%에서 1979년 17.1%로 6년 사이에 두 배나 증가하였다.

이 기간 동안 세계 경제는 두 차례의 석유파동을 겪는다. 석유파동에 한국이 예외일 수 없었다. 그러나 당시 석유 수출로 엄청난 외화를 획득한 중동 국가들이 방대한 건설 계획을 추진하여 마침 적절한 기술과 노동력을 가진 한국이 중동의 건설에 참여해 이익을 보게 된다. 덕분에 미국, 일본, 독일 등 세계 많은 나라들의 경제성장이 현저하게 저하되던 시기인 1973년에서 1979년, 한국은 연평균 9% 이상의 고도성장을 지속할 수 있었다.

그러나 이 기간 동안의 성장은 물가상승을 대가로 치른 것이기도 하다. 제1차 석유파동 이후, 물가상승률이 연평균 20%를 넘었으며 이에 따라 원화의 실질적인 환율도 23% 정도 상승하였다. 또한 물가상승이 부동산 투자를 부추겨 부동산 가격이 평균 500~700% 상승하였다. 이러한 상황 속에서 제2차 석유파동을 맞아 한국 경제도 큰 타격을 입어 1979년 처음으로 수출이 전년도에 비해 감소되고, 1980년에는 경제 전체가 마이너스 성장을 보게 된다.

과도한 물가 상승은 저소득계층의 생활을 압박하여 소득 배분의 악화가 초래되었다. 1960년대만 해도 경제성장은 실업률의 하락과 소득 분배 개선의 양상을 보였으나, 1970년대 물가와 부동산 가격 상승으로 인하여 불로소득이 늘어나 소득 분배는 현저히 악화되었다. 게다가 유신체제 하에서 노동자의 단체행동권과 단체교섭권이 크게 제한되어 저소득계층의 불만은 더욱 가중되어 갔다. 이러한 불만은 제2차 석유파동으로 인해 경제가 급격히 악화되자 동양방직사건, YH사건 등의 노동분쟁을 일으켜 마침내 유신체제가 붕괴하게 된다. 경제와 정치라는 양면에서 비록 정치적으로는 희생을 당했지만 경제적으로는 눈부신 성장과 발전을 이뤘으며, 박정희 대통령의 영도와 산업화를 이끈 이병철, 정주영, 김우중과 같은 영웅들 덕분에 한국 경제는 제2단계의 도약 후 견고한 경제 기반을 구축하여 다음 단계의 경제성장을 거듭할 수 있게 된다. 또한 이 시기 다음에 올 전자산업, 제철, 자동차, 조선 등 첨단산업에서 대만보다 앞설 수 있게 된다. 무엇보다 포항제철의 설립은 정부의 노력 없이는 이룰 수 없는 것이었다. 포항제철 건설을 추진 당시 세계은행이 채산성 없는 무모한 계획이라 반대하였을 때 박태준 회장은 이에 굴하지 않고 기어이 성사시켜 포항제철을 한국에서 가장 수익성이 높은 기업으로 성장시켰다.

1970년대의 중화학공업 집중 육성기와는 달리 1980년대에 진입하면서 경제발전에서 야기된 문제점들을 해결하며 경제적인 안정 성숙기인 제3의 단계로 진입한다. 10 · 26 박 대통령 시해 사건 이후 정치적 불안과 냉온으로 인한 흉작, 그리고 제2차 석유 파동의 여파로 상승한 유가 등으로 한국 경제는 불안한 상황에 직면하게 된다. 이에 따라 20년 만인 1980년 처음으로 국민총생산이 5.2% 감소하여 마이너스 성장을 보였고, 1979년 12월에서 1980년 12월까지 소비자 물가지수는 34% 상승하였다.

이에 대해 제5공화국 전두환 정권은 강력한 증산정책을 실시하였다. 중화학공업에 대한 투자계획을 연장하고, 통화량의 증가를 억제하며, 각종 정부 보조금을 제거하고, 긴축재정을 실시하여 물가를 통제하고 원화에 대한 평가절하를 실행하였다. 이러한 정부의 안정화 정책은 임금수준의 안정, 물가 상승률의 억제 그리고 이자율의 안정화에 크게 기여하였다. 이에 따라 1983년 소매 물가와 도매 물가가 각각 1.9%와 −0.8%로 떨어져 경제 성장률이 12.6%에 달해 한국 경제는 다시 고속성장을 이룰 수 있었고, 1986년부터는 10% 이상의 눈부신 성장과 경상수지 흑자를 이룩하여 누적된 외채를 일부 상환할 수 있었다.

1980년대에 진입하여 이제까지 성장과정에서 누적된 경제적인 비효율성을 제거하기 위하여 정부는 여러 가지 자유화 시책을 실시한다. 그 중 중요한 것이 금융자유화이다. 경제개발 방편의 하나로 추진한 은행의 공기업화는 수출산업과 전략산업에 저금리의 특혜금융을 베풀어 은행의 채산성을 크게 낮추었다. 또한 1980년대에 들어 해외건설업이 불황을 겪게 되고 이에 대한 대출금의 상당수가 회수 불가능한 부실채권이 되었다. 이러한 상황에서 정부는 은행의 경쟁력을 회복하기 위해 정부가 소유하고 있던 상업은행 주식을 민간투자자들에게 매각하여 은행의 민영화를 추진하였다. 1984년에는 해운업과 건설업에 대한 합리화 작업으로 부실기업을 경영 성과가 좋은 기업에 합병시켜 전체 산업의 재무상황을 개선하기도 하였다.

한국 경제는 1985년의 이른바 3저(低) 현상(원화 저, 유가 저, 금리 저)으로 호황을 맞는다. 1986년부터 1988년까지 3년간 12%의 고도성장을 거듭하고 수출이 증대하여 제조업의 설비투자가 증가하였고, 국내에서는 건설투자가 활발하여 내수가 증가하였다. 특히 1988년 서울 올림픽을 전후하여 200만 호 주택건설로 인한 건설 붐이 일어 건설업계는 큰 호황을 누리게 된다.

그러나 1989년 이후 제조업의 설비투자가 둔화되기 시작하더니 3차 산업 특히 건설업, 서비스업의 신장이 현저화되면서 제조업계의 노동력 부족현상이 생기고 3D업종 기피현상이 나타났다. 그 결과, 소비자 물가가 10%대로 육박하고 경제에 적신호가 나타나기 시작하였다. 이에 따라 한국은 경제적으로 GNP 5,000달러에 불과하면서, 사회적으로는 '선진국병'이라는 제조업 비중의 심각한 축소와 3D업종 기피현상이 나타난 것이다.

1990년대에 진입하면서 경제 사정은 고임금, 고물가, 고원가라는 3고(高) 현상이 나타나 어려움을 겪게 된다. 이에 더하여 80년대 이래 한국의 주력 상품이던 컬러 TV, VTR 그리고 가전제품 제조 실정이 후진국이던 중국, 태국 그리고 말레이시아 등에게 밀리기 시작하고, 한편 선진국인 미국과 일본 제품에 눌리는 상황에서 국제적인 경쟁력을 상실하기 시작하였다.

그러나 한국은 1988년 서울 올림픽을 계기로 한 차원 성숙한 단계로 진입하였으며, 경제적으로도 GNP 1만 달러를 달성하여 명실공히 선진국에 진입하였다. 그러나 한국은 1992년 '신3저(新三低)'라는 호황 조건을 갖추었으면서도 이것을 슬기롭게 활용하지 못하고 경제적인 우여곡절을 경험하게 된다. 이 시기는 김영삼 대통령으로 시작되는 문민정부로 진입하여 문민정부 대통령의 경제정책 시작과 함께 경제 현상에 새로운 대응이 시작되는 시기이다.

1993년 정권을 인수한 김영삼 대통령은 과잉소비와 노동의욕의 상실이라는 '한국병'을 치료하기 위한 신한국 창조를 제안하면서 '신경제 5개년 계획'을 발표한다. 이에 앞서 김영삼 정부는 '신경제 100일계획'을 발표한다. 당시 임금상승으로 국제경쟁력이 약화된 데다가 부동산 상승에 기인하던 거품경제가 무너지기 시작하여 한국 경제는 상당한 어려움을 겪게 된다. 이에 정부는 100일 계획을 수립하여 정부가 규정하던 이자율을 낮추고 임금을 억제하여 기업들의 장비와 시설 투자에 필요한 자금조달을 쉽게 하고, 중소기업을 위한 공공기금을 확충할 수 있도록 한 것이다. 그러나 100일 계획이 너무 짧았기 때문에 큰 성과를 거두지는 못하였다.

1993년 당시의 한국 경제는 수출 둔화로 경제가 후퇴하던 1989년과는 달리 민간의 소비심리가 위축되고 건설과 설비투자 전반의 구조적 요인에 의하여 경기가 후퇴하였다. 김영삼 정부는 다시 긴급조치로 '금융실명제'를 제안하였다. 이것은 금융 거래에 있어 가명 또는 차명으로 거래되는 금융 제도를 개선하여 검은 돈을 양성화하고 정경유착을 근절하겠다는 의도에서 실시한 것이다. 그러나 실명제는 생각보다 실효를 거두지 못하고 실패하였으며, 오히려 중·상류층의 현금이 고급 수입제품 구입으로 인한 부분적인 과잉 소비가 있었을 뿐 물가 상승에 별다른 영향을 주지 못하였다.

그러나 예상하지 않았던 경제 회복의 기미가 1994년부터 한국의 주력 산업인 제철, 자동차, 반도체 그리고 가전제품 분야에서 나타났다. 포항제철은 내수와 수출에 힘입어 594만 톤을 생산하였는데 이것이 전년대비 14%가 증가한 것이다. 자동차 산업에서 국내소비 35만대와 수출용 16만대를 생산하였다. 내수용은 전년대비 7%가 증가한 것이고, 수출은 18% 증가하였다. 반도체는 메모리칩 4M DRAM 생산이 호조를 보이면서 1994년 1.4분기에 15억 달러의 매상을 올려 전년도 대비 67%의 성장을 보였다. 가전제품은 삼성전자의 팩시밀리 58%, 금성 전자레인지 41% 그리고 대우전자 세탁기가 218%의 증가세를 보였다. 그러나 전통적인 중소기업과 경공업 제품, 이를테면 의류, 신발류 등은 고임금 저생산에 더하여 중국과 ASEAM 여러 나라의 제품에 밀려 내수용으로 전락하였으며, 그것마저 부진하여 한국 경제가 이미 크게 변화되었음을 보여 주었다.

1970년대 100만 톤을 생산하는 포항제철소가 한국을 신흥공업국의 선두주자로 이끌었다면, 1990년 반도체는 전후 개발도상국에서 선진 경제국으로 진입시킨 한국의 힘의 상징인 것이다. 1994년 4M DRAM의 101억 700만 달러 수출은 전년대비 75.1%가 증가한 것이며, 단일 품목 수출로는 처음으로 100억 달러를 돌파하였다. 이것은 삼성전자, 현대전자 그리고 LG전자 등이 공헌한 것이다.

1993년 보도에 의하면 삼성전자가 30억 5,000만 달러의 매상을 올려 일본의 후지도모, 미쯔이전자 그리고 마쯔시다전기를 제치고 세계 7위를 하였다. 그리고 DRAM 메모리 분야에서는 도시바를 제치고 세계 1위를 하였다. 현대전자와 LG전자 등도 세계 10위권에 드는 회사들이며 세계 메모리 생산에서는 한국이 세계 생산의 반을 차지하였다. 한국의 반도체 산업은 '기술 입국'을 향한 한국의 '제2의 도약'이라 할 수 있다.

김영삼 정권은 두 가지의 경제개혁을 추진하였다. 하나는 재벌의 업종 별 전문화이고 다른 하나는 공기업을 민간에게 매각하는 것이었다. 재벌 의 업종별 전문화는 재벌들의 독과점 추진으로 실패하고 공기업의 민영 화는 나름대로 성공한다. 공기업 민영화를 통해 국민은행과 같은 국책은 행 4개와 한국 중공업 등 공기업 30개사를 민간에게 매각하고 한국은행, 상업은행, 한국전력공사 등 59개사의 정부 보유 주식을 매각하였다. 정부 는 이들 공기업의 매각으로 국고에 수입된 2조 원을 전부 지방의 인프라 건설에 투자하였는데 1990년 1조 9,000억 원, 1991년 3조 6,000억 원, 1992년 4조 6,000억 원 그리고 1993년 4조 9,000억 원을 투자하였다.

1996년 10월 한국은 경제협력개발기구(OECD)에 가입한다. 이것은 한국 의 국제신용도가 높아져 세계 경제 상위권에 진입한 것을 의미한다. 그러 나 반도체의 가격이 하락하고 미국 달러의 상승과 일본 엔화 하락에 의한 제품 경쟁력 저하로 수출 부진이 계속되어 무역적자가 확대되고 1996년 의 경상수지가 적자였다. 이때 한보사건이 발생한다. 때마침 태국, 인도 네시아 등 동남아시아의 나라에 일기 시작한 통화 금융위기가 한국에 밀 어 닥쳐 통화 원이 급락하고 외화준비고가 급강하여 IMF에 긴급 지원을 요청하게 된다. 한국은 IMF에서 200억 달러의 구제 금융을 받고 세계은 행, 미국과 일본 정부 등으로부터 각각 100억에서 200억 달러의 긴급 지 원을 요청하여 총액 570억 달러를 확보하게 된다.

IMF 관리 하에 든 원인은 그간 한국의 금융시장이 열악한 위기에 놓여 있음에도 재벌들이 내외 수요를 무시하고 과다한 투자를 하였기 때문이다. 당시 대외 채무가 약 1,000억 달러였고 그 중 675억 달러가 단기 채무였다. 무엇보다 재벌의 불건전한 재무 구조와 재벌의 비현대적 경영체제가 문제가 되었다. 때문에 1997년 12월에 당선된 김대중 대통령은 IMF의 고통을 안고 출발하여야 했다. 말하자면 경제발전 제4기에 진입한 것이다.

새 정부는 경영 위기에 든 금융기관을 정리하고, 기업 경영의 투명성을 강조하였으며, 대담한 대외시장 개방을 요구하였다. 도산이 계속되는 종금사와 증권회사에 정부는 11조 3,000억 원을 대출하여 도산을 막으려 하였다. 그러나 IMF는 이것이 개별 기업 구조를 위한 보조금 투입을 않겠다는 약속을 위반한 것이라고 한국 정부에 항의하였다. 그리고 한국이 보유하고 있다는 외화준비고가 300억 달러가 아니라 실제 50억 달러에 불과하다는 사실이 알려지면서 한국의 국제 신용 등급이 크게 하락하였다.

그러나 한국이 쓰러지면 국제 금융 시장에 큰 영향을 줄 것을 우려한 국제금융기구와 미국, 일본 그리고 유럽 여러 나라들은 한국 정부의 '완전한 시장 원리 도입'이라는 말을 믿고 IMF 2차 융자 35억 달러와 일본에서 15억 달러를 지원하게 된다. 한편 국내 재벌들은 자체의 비상경영체제로 구조 조정을 서둘렀다. 삼성의 예를 보면 조직에서 30%, 경비에서 50%, 에너지에서 30%, 월급에서 10%를 절약한다. 물론 다른 재벌들도 이와 유사한 자체구조조정을 실행하였다.

국가와 모든 기업이 힘을 합하여 IMF를 극복하기 위하여 진력한 결과, 1998년 무역흑자 399억 달러를 기록하고 외국인 직접 투자 89억 달러를 이룩한다. 당년 무역의 경우 일본이 900억 달러, 독일이 500억 달러, 중국이 400억 달러로 한국이 4위에 이루었다. 정부는 마침내 외화준비고가

485억 달러에 도달하였다. 이것은 IMF와 합의한 420억 달러를 상회하는 것으로 한국은 IMF를 벗어나는 불굴의 의지를 보였다.

정부는 재벌의 구조조정에 대하여 강력한 의지를 보여 대통령 주재로 정부, 재계, 금융기관은 '재벌개혁의 완결'을 목표로 한 3자 회동을 가졌다. 이 회의에서 참가자들은 20개 항목에 합의하였는데 중요한 내용은 ① 5대 재벌의 계열사를 정리할 것, ② 재벌 간에 중요 업종의 사업 교환을 실시할 것, ③ 1999년부터의 연결 재무제표를 작성할 것, ④ 계열 기업 간의 상호 지불 보증을 해소할 것 등이었다. 당시 5대 재벌이 소유한 계열사가 264개사(社)였던 것이 합의에 의하여 130개사로 정리된다.

정부는 재벌 구조조정에 박차를 가하여 재벌 간의 이른바 '빅딜'을 강요하였다. '빅딜'이란 업종별로 1개 내지 2개사로 통합·재편하는 것으로 이를테면 당시 자동차 5개사를 2개사로 통합하여 현대가 기아를 인수하고, 대우가 쌍용을 인수하며, 대우가 다시 삼성자동차를 인수하고, 삼성이 대우전자를 인수하는 것을 말한다. 현대와 대우로 압축된 자동차 생산은 현대가 연간 354만 대, 대우가 243만 대를 생산하게 된다.

자동차와 같이 반도체 분야에서도 삼성, 현대, LG 3사 체제에서 현대와 LG가 합병하여 2원 체제로 바뀌었다. 가전제품에서도 삼성, LG, 대우의 3사 경쟁 체제를 삼성과 LG 2원 체제로 전환하였다.

구조조정을 강조하던 현대는 때마침 2세에게 사업을 분배하면서 자연스럽게 '리스트락추어링'의 과정을 넘겨 자동차는 차남인 정몽구에게, 전자는 5남인 정몽헌에게 그리고 중공업은 6남인 정몽준에게 인계한다. 그러나 한국 제2의 자산 규모를 가진 대우는 자신을 갖고 '리스트락추어링'을 반대하다 도산하고 만다. 이와 같이 '메가폰드'급의 큰 충격에서 살아남은 재벌기업과 중소기업은 세계 1~2위를 향하여 진력하게 된다.

한국의 주력산업으로 성장한 분야가 세 개가 있다. 하나는 반도체이고,

하나는 자동차이며, 하나는 가전제품이다.

현재 한국의 주력 산업인 반도체의 경우, 1983년 삼성이 반도체 64K DRAM을 개발하여 세계를 놀라게 하더니 계속 256K, IM, 4M DRAM을 개발하고, 1993년에는 메모리칩 판매에서 일본 기업을 제치고 세계 1위에 올랐다. 한편 LG와 현대도 반도체 생산에서 세계 수준에 이르면서 우리나라는 반도체 생산 분야에서 미국, 일본과 어깨를 나란히 하게 된다.

둘째, 자동차 산업을 주도한 현대는 1970년 포니를 생산하여 중남미에 수출하였고, 1980년대는 캐나다와 미국에 상륙하여 소형차 판매 순위 1위를 기록하더니 유럽에 진출하여 명실상부한 국제적 자동차 메이커로 명성을 얻게 된다. 한편 대우와 기아도 외국 메이커의 상표를 달고 수출하는 데 성공한다. 우리나라 자동차 산업은 일본, 독일, 미국, 프랑스, 이탈리아에 이어 세계 6위이고, 이들 선진국에 미치지 못하나 기술혁신을 통해 가격과 품질에서 경쟁력을 갖추고 있으며, 무엇보다 동남아시아와 중국, 그리고 구소련이 경제를 회복하게 되면서 가격이 저렴한 우리나라 자동차도 이러한 시장에서 유리한 조건으로 선진국과 경쟁을 할 수 있게 되었다.

1980년대 우리나라는 컴퓨터산업, 정보산업, 항공산업 등으로 산업구조의 이동을 시작하였다. 컴퓨터산업은 삼성, 현대, LG, 대우 등이 개인용 컴퓨터와 중형 컴퓨터를 생산하기 시작하였고, 신흥기업으로 삼보와 큐닉스 등이 생산대열에 참가하였다. 한국은 반도체 메모리 분야에서는 세계 1위이고 전자제품 생산에 있어서는 영국을 제치고 세계 5위가 되었다. 미국시장에서 자동차 전자제품 수출에 있어서는 일본 다음으로 세계 2위이다.

시장조사 기관 아이서플라이(i Suppli) 가트너(Gartner) 집계에 의하면 한국 삼성을 위시한 한국 업체들의 세계 반도체 관련 시장 점유율은 낸드플래시메모리(Nand Flash Memory) 63%, D램 45%, 10인치 이상 대형 LCD 패널 44%, PDP 패널 50%로 세계 1위를 달성했다. PDP 패널 1위만 일본 마쓰시다에 내주었을 뿐, 반도체와 LCD 패널의 1, 2위 업체는 모두 한국 기업이다. 이것은 어느 나라도 넘볼 수 없는 성적표다. 무역협회와 삼성 경제연구소는 반도체와 디스플레이 분야에서 한국 업체가 최소한 3년은 우위를 유지할 것으로 내다보았다. 이것은 기술력, 마케팅, 제품력 등에서 월등하게 앞서 있기 때문이다. 일본 엔피디와 대만의 파워칩 업체들이 연대해 중국에 공장을 세우고 한국 반도체를 따라잡으려 하고 있다. 대만의 난야도 독일 키몬다와 신제품 공동 개발에 진입한다(중앙일보 2007. 4. 16).

조선업에 있어서도 연간 건조 능력은 819CGT(표준 화물선 환산 톤수)로 2007년 세계 전체 수주 전량(1억 1,834만 CGT)의 36.4%인 4,290만 CGT 수주, 한 척에 2억 달러를 웃도는 액화천연가스(LNG)선의 지난해(2006년) 발주량 33척 중 28척(85%) 수주이다. 한국 조선산업의 화려한 성적표다. 지난해 세계 10대 조선소에 현대중공업, 삼성중공업, 대우조선해양이 1, 3위에 오른 데 이어 나머지 4개사 등 모두 7개사가 이름을 올렸다. 조선과 반도체, 자동차, 석유화학에 이어 단일 품목으로는 수출 금액 4위지만 국산화율은 91%에 달해 한국 산업의 '효자 품목'이다. 그러나 조선업에서도 중국의 추격이 차츰 거세지고 있다(중앙일보 2007. 4. 16).

통신산업에서도 한국이동통신과 포항제철을 대주주로 하는 제2 이동통신 등이 카폰과 이동전화 업무를 시작하였다. 컴퓨터 통신에서도 한국통신, 데이콤 등이 등장했으며 이를 통해 세계적인 컴퓨터 네트워크인 인터넷과도 연결을 짓고 있다. 또한 삼성의 항공산업 진출을 필두로 우리나라 기업들이 항공, 인공위성 등 고도산업에도 진출하고 있다.

IMF 이후 한국의 제조업이 원가경쟁력을 상실해간다는 적신호가 나오기 시작하였는데 이것은 중국이라는 경쟁자가 출현하였기 때문이다. 중국은 저임금에 방대한 내수시장을 가진 나라이고, 세계적인 기업들이 생산기지로 부상하기 때문에 한국에게 큰 위협이 되지 않을 수 없다. 한편 일본의 제조업이 부활하기 시작하자 한국의 제조업을 '호두까기 기계(nut cracker)'에 비유하는 사람이 있다.

2006년도는 한국이 수출 3,000억 달러를 돌파하는 해이다. 이로써 한국은 무역 강국으로 확실하게 자리매김했다. 독일(9,699억 달러), 미국(9,044억 달러) 등 수출 1, 2위 국가에는 아직 못 미치지만 중개무역을 주로 하는 네덜란드(4,024억 달러)와 벨기에(3,343억 달러)를 제외하면 사실상 한국은 세계 9위의 수출국이 되었다. 제3공화국에서 시작한 제2의 건국은 이리하여 10위에 드는 세계 경제 강국이 된 것이다(중앙일보 2006. 11. 30).

🏵 한국의 사회변동

한국은 해방이 되던 1945년과 한국전쟁이 발발하던 1950년대만 해도 전형적인 농업 국가였다. 이것이 1960년대 산업화를 추진하면서 공업 국가로 변해갔다. 농업국에서 공업국으로 전환하면 흔히 나라의 체질이 개선되었다 한다. 이러한 나라의 체질 개선을 암스덴은 18세기 영국의 1차 파장과 19세기 초 미국과 독일이 경험한 2차 파장, 그리고 20세기에 진입하여 공업화를 수행한 3차 파장으로 나누었다. 암스덴은 일본도 3차 파장으로 넣었는데, 일본은 100년 이상의 시간을 두고 공업화를 이루었다. 그러나 한국은 이것을 반세기도 안 되는 40년 사이에 이룩하였다.

한국이 농업국에서 공업국으로 체질 개선을 한 것이 얼마나 중요한가를 역사적으로 살펴보면 이렇다. 한국이 삼국시대에서 통일신라시대를 경과하였고, 후삼국이 고려에 의하여 통일되었으며, 고려가 조선으로 왕조가 바뀌었어도, 그 사회가 농업국이 공업국으로 변하거나 공업국에서 농업국으로 변한 것은 아니었다. 따라서 오늘날 농업국에서 공업국으로의 체질 개선은 한반도에서 한민족이 삶을 영위한 이래 가장 중대한 변화를 경험한 것이며, 이런 의미에서 우리는 한국 역사에서 가장 중요한 시기에 살고 있다고 할 수 있다.

1960년대 산업화와 더불어 체질 개선의 현상을 잘 보여주는 것이 인구의 변동이다. 1945년 해방되었을 때 한국의 인구는 약 3,000만 명이었고 남한에 2,000만 명, 북한에 1,000만 명로 나뉘어 있었다. 당시 농촌과 도시의 인구 비례는 7 대 3이었다. 농민이 전체 인구의 70%를 점유한 전형적인 농업 국가였다. 그러나 1985년 한국의 인구가 4,000만 명으로 되던 해 농촌과 도시의 인구비례는 2 대 8로 전 인구의 80%가 비농민으로 농업 인구는 전체의 20%에 불과하였다. 전체 인구는 증가하였어도 농촌 인구는 계속 감소하여 2000년 현재 농가 인구는 전체 인구의 8.5%에 불과하다. 이것은 전형적인 공업국가의 인구 구조를 보여주는 것이다.

농민은 생업상 자연에 순응하고, 수동적이며, 착하고 순하다. 농경사회는 착하고 순한 것이 특징이다. 따라서 농경사회는 덕치주의의 통치이념을 갖고 있다. 과거 한국의 농경사회는 모든 사람이 가족에 속하고, 가족이 편안할 때 사회가 안정되며, 사회가 안정될 때 국가가 태평스럽다고 생각하였으며, 효와 충을 동일시하여 부모에 대한 효를 국가에 대한 충으로 생각하여 왔다.

이러한 가족주의 이데올로기와 효 사상을 뒷받침하는 것이 유교사상이었다. 유교는 한국적 농경사회에 가장 적합한 이념이고 가치관이며 종교였다. 한국에서 유교가 중국보다 발달하였다는 것은 유교가 한국과 같은 단일민족 국가의 농경사회에 가장 적합한 윤리이고 도덕이었기 때문이다. 이러한 유교 윤리를 유지하던 농경사회가 공업화 과정을 거치면서 변화한 것이다.

한국적 농경사회가 변화하기 시작한 것은 실은 해방과 한국전쟁이다. 일본의 경우, 사회변동을 경험했다고 하지만 명치유신을 거치면서 옛 사무라이가 명치시대의 귀족이 되고, 귀족은 비록 명칭은 없어졌으나 귀농천상(歸農賤商)이 그대로 유지되어 대변혁의 사회변동을 겪지는 않았다. 이에 비해 한국은 일제강점기로 인하여 식민지화 되어버린 사회 속에서 전통적인 양반사회를 뒤엎는 사회변동을 겪었고, 해방을 맞이하여 다시 한번 사회를 뒤엎는 작업을 하였으며, 무엇보다 한국전쟁은 그나마 남아 있던 양반과 천민을 송두리째 없애는 대사회변동을 이룩하였다.

산업사회로의 첫째 요건은 인구문제이다. 한국전쟁을 겪은 후 한국은 이른바 '전후 베이비붐'으로 인하여 급격한 인구 증가를 보게 된다. 1950년대 후반 그리고 1960년대 초반 한국의 인구 증가율은 10%를 넘어 세계 최대의 인구증가율을 보였으며, 인구증가율이 산업증가율을 앞질러 인구 억제정책을 쓰지 않을 수 없었다. 가족계획이라는 이름의 산아제한정책은 세계적으로 유명하여 유엔의 산하기관에서 한국의 산아제한을 적극 후원하였고, 이것이 다시 후진국의 모범이 되기도 하였다.

증가한 인구를 농촌이 활용하지 못하여 농촌의 잉여 인구가 도시로 유입되기 시작했다. 특히 1960년대 시작한 공업화에 농촌인구가 도시로 집중되었으며, 노동인구인 20대와 30대가 농촌에서 도시로 유입되는 이농현상이 두드러지게 나타난다. 직장을 미리 구하고 대도시로 모여드는 청년도 있었으나 무작정 상경하는 젊은이들이 매일 아침이면 수만 명에 달하였고, 이들은 대도시의 공업단지로 흡수되어 도시 노동자가 되었다. 이농에는 남녀 구별이 없으며 오히려 여자가 남자보다 빠르게 이동하였고 도시에서도 여자가 직장을 구하기가 쉬웠다.

이농이라는 인구이동에서 첫 번째 변화하는 것이 전통적인 농촌가족이다. 과거 한국은 장자가 부모를 모시고 3대 가족을 이루는 직계가족 유형을 유지하여 왔다. 그런데 농촌가족에서 가장 먼저 빠져나가는 것이 장자이다. 장자가 떠난 후 차남과 삼남이 부모를 모시고 살다가 그들마저 농촌으로부터 가족을 떠나자 노인 부부만 거주하는 노인 핵가족이 유행하게 되었다.

농촌의 부모를 떠난 젊은이는 가족의 도덕권에서 벗어나 행동의 자유를 누릴 수 있게 되었는데 이에 따른 변화 중의 하나가 결혼이다. 전통적인 농촌사회의 결혼 형태는 중매결혼이었으나 시간이 경과할수록 자유결혼으로 결혼의 형태가 바뀌게 되고, 초혼 연령도 높아졌다.

산업사회의 현대 가족을 도시 가족이라 한다면 도시의 현대 가족은 다음과 같은 특징을 갖는다. 첫째, 현대 가족의 소인수 가족화 현상이다. 말하자면 가족 구성원의 수가 적어지는 것이다. 둘째, 핵가족화 현상이다. 현대 도시 가옥은 협소하기 때문에 삼대가 동거하기에 불리하다. 그리고 셋째, 가족의 고립화 현상이다.

무엇보다 중요한 현대 가족의 특징은 부부 역할의 변화이다. 과거 전통 사회에서는 남녀의 성별에 의한 가사 분업 형태가 분명해져 남자는 집 밖의 일을 담당하고, 여자는 집안일을 담당하여 남녀 성별 역할이 분명하였다. 그러나 현대 가족에서는 남자는 수입원만을 담당하는 수입 전담화 경향을, 여자는 가사 전체를 담당하는 가사 전담화 경향을 띠게 된다.

산업사회의 특징은 산업인구의 구조에서 볼 수 있다. 산업사회에서는 1차 산업에 종사하는 인구가 감소하고 2차 산업에 종사하는 사람이 증가하며 산업사회로 갈수록 3차 산업에 종사하는 사람이 증가하는 것이다. 1960년대 한국의 산업 인구구조는 전형적인 농촌사회를 보여주었다. 그 후 산업화가 진행되면서 1970년대 1차 산업이 40%, 2차 산업이 30% 그리고 3차 산업이 30%였으며 1990년대에는 1차 산업이 30%, 2차 산업이

30% 그리고 3차 산업이 40%로 변하여 갔다.

산업사회의 인구학적 특징은 인구증가율의 감소로 인구구조의 변화가 이루어지고 있는 것이다. 14세 이하 연령층 인구는 계속 감소하는데 특히 농촌에서 그 현상이 두드러진다. 한편 생산 활동 가능 연령(15~64세)의 지속적인 증가로 부양인구 비율이 감소함으로써 소득 수준이 향상되고 있다. 그러나 1990년 후반부터 노동력의 증가폭이 둔화되어 새로운 노동력의 흡수를 위한 고용 창출의 노력이 필요하게 되었다. 이에 고려된 것이 여성 노동력과 노령인력 등 유휴 인력의 노동시장 유입이다. 여성 인력의 활용을 위해 탁아소의 확충이 필요하며 무엇보다 여성에 대한 고용 평등이 요구된다.

산업화 과정에서 새로 형성된 것이 중산층이다. 중산층이란 고등교육을 받고 도시에 거주하며 전문직이나 사무직에 종사하는 사람을 말한다. 산업화로 인하여 형성된 중산층이 한국의 경제발전을 주도하였을 뿐만 아니라 다음에 살펴 볼 정치적인 건국인 제3의 건국을 주도한다.

한국의 산업화 과정에서 형성된 산업사회는 두터운 중산층을 갖게 되고, 이들로 대표되는 중산층의 현대 가족이 출현하면서 이들의 생활양식이 보편화되었으며, 무엇보다 이들이 갖는 가치관이 형성되어 한국 사회는 정치적인 민주화를 향하여 나아가게 된다.

제3의 건국 : 한국의 민주화

경제적인 합리화가 산업화라면 사회적인 합리화는 민주화일 것이다. 한국의 민주화는 학생운동에서 시작하여 시민운동, 그리고 노동운동으로 이어져 간다.

흔히 농경사회와 같이 시민사회의 의식이 성숙하지 않은 시기에 선진 국의 문물을 흡수하는 첨단 영역을 담당한 것이 학생들이고, 학생들은 봉 건적인 사회를 계몽하는 데 앞장설 수밖에 없었다. 한국에서도 일제시대 민중을 계몽하는 것이 독립을 위한 길이라 생각하여 선각자의 위치에 선 학생들이 농촌의 계몽운동을 전개하여 왔으며, 그 전통은 해방 후에도 계 속되어 매년 방학에 농촌 계몽운동을 지속해나갔다.

해방된 정국에서 시민 단체들이 혼선을 거듭하고 있을 때 학생들은 홀 연히 일어나 사회운동에 참가하게 된다. 좌우 대립이 극심하던 1946년 우 익 학생들이 조직한 것이 반탁전국학생연맹(반탁학련)이고, 좌익을 대표하 는 학생 단체가 재경학생 행동통일촉성회였다. 이들은 서대문에서 일어 난 학병동맹사건, 서울대학을 형성하는 국대안반대투쟁, 남산메이데이사 건 등에서 충돌하면서 대립을 일삼아 왔다. 그러나 정부는 1948년 전국 학생을 학도호국단으로 통일하였으며, 이어 학생들은 한국전쟁에 참가하 게 된다.

근대사에 가장 큰 공헌을 한 학생운동은 1960년에 일어난 4·19혁명이 다. 이승만 정권이 3선 개헌을 추진하고 실시한 3월 15일 선거가 부정 선 거임이 확인되었고 부정선거에 항의하는 시민을 경찰이 힘으로 진압하여 나갔다. 이러한 분위기가 한 달 동안 계속되다 마침 마산에서 고문을 당 한 학생이 시신으로 발견되자 분노한 학생들이 4월 15일 대대적인 항의 시위를 벌였고 이에 시민 1만여 명이 참가하여 마산사건을 야기하였다. 마산사건을 계기로 3일 후인 4월 18일 고려대 학생 3,000명이 3·15 부정선거를 규탄하는 가두시위를 벌였고 다음날인 4월 19일 전국 학생이 궐기하는 대규모 시위를 전개한다. 당시 경무대로 진입하려는 학생들을 저지하려는 총성을 들은 대통령이 사태의 심각성을 깨닫고 학생 대표와 면담을 시도하였다. 면담을 통해 3·15 선거가 부정임을 알게 된 이승만 대통령은 하야를 결심하고 4월 26일 하야를 선언한다.

한평생을 독립운동에 헌신하였고, 70세에 귀국하여 대한민국의 초대 대통령으로 취임한 후 3년간에 걸친 한국전쟁에서 오로지 조국의 지도자로 군림하던 이승만이 부정선거로 인한 학생들의 시위로 하야를 하고 만다. 독재자의 말로를 뒤로한 채 한국은 민주당이 주도하는 제2공화국으로 전환한다.

5·16 군사 쿠데타로 정권을 잡은 제3공화국의 박정희 장군은 1963년 대통령 당선 후 경제성장을 주도하면서 장기 집권의 길을 열어 간다. 그러나 그 길이 순탄한 것만은 아니었다. 박정희 정권이 처음 봉착한 학생들의 저항은 한일조약의 반대운동이다. 정통성이 부족하고 경제적으로 기반이 약한 박 정권이 한일회담을 전개하여 가는 과정이 굴욕적이라고 판단한 학생들은 4·19 정신을 계승하여 반대투쟁을 전개하였다. 1964년 3월에 서울대학에서 시작된 한일회담 반대 시위가 시간이 갈수록 확산되어 5월 22일에는 서울 지역 32개 대학의 학생이 모인 한·일 외교회담 반대 학생총연합회를 결성하였고, 30일에는 서울 대학에서 학생들이 단식농성에 돌입한다. 서울 대학 교수들이 학생을 지지하는 성명을 발표한 후, 6월 3일 서울지역 학생 2만여 명이 서울 시내에서 대규모 시위를 전개하자 정부는 계엄령을 선포하기에 이른다. 1965년 새 학기를 맞아 학생들은 다시 한일협정 비준에 반대하는 운동을 6개월이나 계속하였으나 별

다른 성과 없이 막을 내리고 만다.

1967년 6월 8일 대통령 선거에서 박정희 대통령이 당선된다. 그러나 6·8 선거가 부정임이 밝혀지자 이를 규탄하는 학생운동이 일어났다. 정부는 이것을 휴업령으로 저지하고 만다. 1968년에 3선 개헌을 위한 국민투표를 실시하고 이것이 통과되자 3선 개헌에 반대하는 학생운동이 전개되었으나 이번에도 휴교령으로 저지당한다. 이와 같이 정치적인 사안에 반대하는 학생운동은 매번 저지당하는 악순환을 반복하면서 점차 약화되어 갔다.

무기력화한 학생운동에 도화선이 된 것이 전태일 사건이다. 1970년 11월 13일 동대문의 재단사였던 전태일이 혹독한 노동 착취에 대한 항의시위로 분신자살하는 사건이 발생한다. 이에 충격을 받은 학생들은 전태일 추모행사를 실시하고 생존권 보장과 근로조건 개선을 주장하였다. 말하자면 학생운동이 정치운동에서 사회운동으로 확대되어 간 것이다. 당시 사회현상을 풍자한 작가 김지하의 오적(五賊) 필화사건이 발생하자 정부는 이 사건에 관계된 월간지 《사상계》의 등록을 말소하고 김지하를 반공법 위반이라는 명목으로 구속한다.

학생운동은 1970년대에 들어 조직을 보다 체계화하기 위하여 연합 전선을 구성하였는데, 민주수호 전국청년학생동맹(민전총련)이 그것이다. 전국 11개 대학의 대표가 모여 결성한 민전총련은 교련철폐와 공명선거를 주장하는 10대 행동강령을 채택하여 학원민주화를 위한 투쟁을 전개한다. 그러나 정부는 학생들을 단속하기 위해 각 대학에 교련장기방안을 시달하여 교련을 통해 학생을 제어하려 하였다. 이에 학생들은 시위로 대항한다.

1971년 4월 27일에 실시한 대통령 선거에 대규모 부정과 관권 개입이 확인되자 학생운동은 다시 반독재 투쟁으로 전환한다. 4·27 부정선거를 규탄하는 학생들의 시위가 확산되자 정부는 국가비상사태를 선언하여 학생운동을 진압하고, 반정부 여론을 부추기는 《씨알의 소리》 잡지의 등록을 취소하는 등 언론을 탄압하고 마침내 국가보안법을 국회에서 변칙으로 통과시켜 반정부 시위를 철저히 단속하기에 이른다.

확산되는 학생운동을 저지하기 위하여 정부는 학생운동의 근원지인 서울대학에 휴업령을 내린다. 휴업령으로 복잡한 양상을 띠던 학생운동은 다시 교련철폐 운동으로 방향을 전환하고, 2학기에 들면서 수강 거부 등을 통한 교련철폐 운동이 다시 격화된다. 이에 대하여 정부는 이른바 8·3 조치라는 긴급 제정명령을 선포한다. 그럼에도 불구하고 학생들의 시위가 수그러질 기미가 보이지 않고 계속 확산되어 가자 정부는 10월 15일을 기해 서울에 위수령을 발동한다. 위수령은 '학원 질서를 위한 특별명령 9개항'을 포함하는 것으로 이에 따라 서울의 각 대학은 군의 점령 하에 놓이게 된다. 이로써 교련철폐와 학원민주화를 주장하던 학생운동은 더 이상 발전을 보지 못하고 가라앉게 된다.

박 정권은 전국에 비상계엄을 선포한 다음 국민투표를 실시하여 다수의 찬성을 얻은 후 통일주체국민회의의 추대로 박정희를 대통령으로 추대한다. 이것을 '10월 유신'이라 한다. 유신체제는 말하자면 박정희 대통령의 영구 집권을 위한 독재체제의 강화이며, 이에 대한 학생운동은 간헐적인 지역 대학운동에서 전국 규모의 대형 학생운동으로 확대되고, 이에 더하여 시민단체가 합세하는 민중운동으로 발전하여 간다.

유신을 규탄하기 위하여 함석헌 선생을 위시한 재야인사들이 '민주수호국민협의회'를 결성하여 항의하였다. 한편 200여 명의 학생들은 1973년 10월 2일 서울대학에서 모여 정의와 자유와 진리를 표방한 학생들의 선언문을 낭독하고 유신 반대 시위를 전개한다. 이에 경찰은 서울대 교내에 진입하여 180여 명의 학생을 연행하고 그 중 23명을 구속한다. 서울대학교 문리대에서 시작된 동맹휴학은 서울대 상대로 확산된 후 다시 다른 대학으로 확산되어, 11월에는 서울 지역 대학생들에게 전파되어 시위가 강력하게 전개되고, 12월에는 지방 대학 학생들이 가담하여 전국이 시위 열풍에 휩싸이게 된다.

이런 와중에 서울대학교 법대 최종길 교수의 의문사 사건이 발생하고, 김대중 의원이 동경의 호텔에서 납치당하는 사건이 발생한다. 이에 대하여 진상 공개를 요구하는 학생운동이 더욱 격화되고, 1974년부터는 대학에서의 시위가 고등학교까지 확산되어 간다. 각 대학에서는 이른바 대자보라는 벽보를 통하여 시국을 규탄하고 요구사항을 천명한다. 학생들은 부정부패 척결, 근로자 최저생활 보장, 노동운동 자유보장, 유신철폐, 중앙정보부 해체, 자립경제 확립 등을 주장하였다.

이에 대해 당시 정부는 민청학련 사건을 조작하여 학생운동을 탄압한다. 민청학련 사건이란 '전국민주청년학생총연맹(민청학련) 사건'을 말한다. 정부가 밝힌 바에 의하면 민청학련의 주동학생들은 4단계 혁명을 통하여 노동자, 농민에 의한 정부를 세울 것을 목표로 한 과도적 통치기구로써 민족 지도부의 결성까지 기도했으며, 이 민청학련의 배후에는 과거 공산계 불법단체인 인혁당 조직과 조총련계 일본 공산당을 비롯한 국내 좌파 혁신계가 복합적으로 관련되어 있다고 한다. 이 사건으로 1,200여 명이 조사를 받았고, 250여 명이 구속되었으며 여정남 등 여덟 명이 사형, 이철, 유인태 등 아홉 명이 무기징역을 선고받는다. 다시 인민혁명당 재건위 사건이 발생하면서 정부는 긴급조치 4호를 발동하였는데, 이로 인해 정부의 통제가 더욱 강화된다. 이에 대항하기 위하여 교회가 중심이 되어 'NCC인권위원회'가 결성되고 '구속자가족협의회'가 결성되더니 마침내 '민주회복국민회의'를 결성하게 된다.

긴급조치 1호와 4호가 해제된 지 1개월이 되던 1974년 9월 이화여대생

4,000여 명이 시위를 하고 여섯 개 항의 결의문을 채택한다. 이것은 불법적인 구금과 고문을 중단할 것을 촉구하는 것이었다. 이것을 계기로 유신철폐, 언론자유, 구속학생 석방 등을 요구하는 학생운동이 다시 이어지게 된다. 한신대, 고려대, 동국대 등의 학생 선언에 이어 서울대생의 가두시위가 있었다. 이에 대해 정부가 강경책으로 일관하여 10월 18일 서울대, 전남대 등 18개 대학이 휴교 상태에 들어간다. 그러나 이번에는 학생 시위에 자극받은 기자들이 동아일보의 '자유언론 실천선언'을 시발로 언론계 자유운동을 전개하였고, 재야단체들도 '민주회복 국민회의'를 결성하여 '민주회복 국민선언'을 발표하기에 이른다.

1975년 2월 12일 압도적인 찬성으로 유신헌법을 통과시킨 박 정권은 학생운동과 시민단체에 대한 회유책으로 2월 15일 민청학련 관련 구속자 148명을 석방한다. 석방된 학생들이 복학하자 구속되었던 학생들이 고문당한 사실을 폭로하고 이것이 입에서 입으로 전해지면서 학원가가 술렁이게 된다. 이때 신일고등학교 학생들의 시위가 있었고 4월 8일에는 고려대 학생 2천여 명이 가두시위를 준비한다. 이에 박 정권은 긴급조치 7호를 선포하고 고려대에 군 병력을 주둔시키며 휴교령을 내린다. 휴교령이 내려지던 날 서울대 농대 앞 잔디밭에서 김상진 군이 양심선언문을 낭독하고 할복자살하는 사건이 발생한다.

긴급조치 7호로 마음을 놓을 수 없는 박 정권은 다시 긴급조치 9호를 발표하여 국민들의 입과 귀를 막으며 암흑의 시대를 이어가는 바람에 학생운동은 미약한 존재가 되고 만다. 그러나 김상진 군 추모회가 있은 후 긴급조치 9호에 반대하는 학생 시위가 이번에는 연극회나 문학회 등에서 활동하는 학생들이 중심이 되어 선언문을 낭독하고 가두시위를 벌였다. 교내에 상주하고 있던 경찰과 동원된 경찰들이 마구잡이로 폭력을 행사하여 시위 학생을 연행하였는데, 연행당한 학생 중 60명이 제명되고 29명이 구속된다.

정권을 강화하기 위하여 박 정권은 사회안정법, 민방위법, 방위세법 그리고 학원관계법 등 4개의 전시입법을 선포한다. 학원관계법인 교육관계법 개정 법률은 기존 학생회를 해산하고 중앙학도 호국단을 창설한 것이었는데, 이것은 학원의 교련교육을 강화하여 학원의 병영화를 도모하려는 것이었다.

강화된 압박에 대하여 학원의 민주화와 반독재를 외치는 학생운동은 1977년 3월 서울대 선언문에서 다시 불붙기 시작하였다. 서울대 시위 주도자는 구속되었으나 선언문은 여러 대학으로 확산되어 갔다. 학생들의 시위는 한국 신학대학을 위시하여 연세대, 이대, 전북대, 고려대, 서강대로 확산되어 갔으며 6월에는 거리 시위로까지 확산되어 6월 26일 광화문과 세종로 일대에서 학생들의 연합 시위가 저녁 늦게까지 계속되었다. 한편 학계에서는 '해직교수협의회'가 창설되어 '민주교육선언'을 발표하였고, 재야에서는 윤보선, 정구영, 지학순 등이 주동하여 '민주구국헌장'을 발표하였다. 노동자 측에서는 서울 청계피복상가가 중심이 되어 노동교실을 운영하면서 민주화 운동을 전개하자 정부에서는 이에 대한 강제 폐쇄령을 내린다. 그러나 노동계에서는 제일제당, 미풍공장 등에서 노조 파업사건이 발생한다.

삼엄한 긴급조치 하에서도 학생들은 광화문에 모여 유신반대 시위를 벌였으나 워낙 단속이 심하여 성과를 보지 못하였고, 다시 대통령 선거 반대 시위를 계획하였으나 미수로 끝나고 만다. 학원가 밖의 노동자 사이에서 동일 방직 사건, 전남 함평 고구마 사건 등이 발발하자 학생들은 노동자들과 합세하여 '민주청년인권협의회'를 결성한다. 게다가 정부가 기독교를 탄압하여 박형규 목사를 재구속하는 사건이 발생한다. 이에 대하여 기독교장로회, 한국기독교회협의회 등이 중심이 되어 박형규 목사 재구속 규탄성명을 발표한다.

　보다 결정적인 학생 시위의 도화선이 된 것은 1979년 10월 당시 신민당 총재인 김영삼이 의원직을 박탈당하는 사건에서 시작된다. 이에 반대하는 신민당 의원 전원이 의원직을 사퇴하였고, 김영삼의 연고지인 부산에서 15일 부산대 학생들이 교내에서의 항의시위를 벌였으며, 16일에는 시내로 진출하여 가두시위를 하였고 이에 시민들이 가세하였다. 다음에는 학생시위가 마산대와 경남대로 확산되어 부산 전역으로 확산되어 갔다. 이에 정부는 부산지역 일대에 계엄령을 선포한다. 그러나 학생들의 시위는 다시 전국적으로 확산되어 전국이 소용돌이에 휘말렸고, 그 때 10월 26일 박정희 대통령은 그의 심복인 중앙정보부장 김재규에 의하여 살해된다. 끝없이 치닫던 박 정권의 집요한 탄압과 끈질긴 학생시위의 과격화는 박 대통령의 시해로 일단락이 된다.

　박 대통령 서거로 독재정권의 끈질긴 민주화 탄압이 종식된다. 박 정권이 수립된 지 18년, 특히 유신체제가 성립된 이후 학생들은 생명의 위협을 무릅쓰고 기나긴 민주화의 투쟁을 계속하여 왔다.

　박 대통령의 서거 후 민주화가 시작되었으나 전두환 신군부의 등장으로 민주화의 봄은 짧게 끝나고 만다. 전두환에서 시작된 군부정권은 헌법을 개정하여 제5공화국이 된다. 전두환 정권은 노태우 정권으로 이어져 한국은 약 10년간 군부 출신의 대통령으로 이어진다. 이 기간 동안 새로운 군사 독재에 대항하는 학생들의 민주화 운동이 계속되고, 이에 더하여 제3공화국에서 탄압받던 노동계층이 학생들과 같이 저항운동에 동참하기 시작한다. 이 시기의 특징은 무엇보다 중산층을 자칭하는 시민사회가 학생들과 더불어 민주화 운동을 주도하여 가는 것이다.

　민주화 운동의 최고봉은 1980년 5월 18일 광주에서 일어난 시민운동이다. 그러나 광주민주화운동은 신군부에 의하여 철저히 진압되어 버린다.

광주의 민주화 운동은 비록 광주 지역을 벗어나지 못하였으나 근대사에 가장 큰 희생을 치룬 민주화 운동으로 기록된다.

한편 서울에서는 1980년 5월 원풍모방 노조 탄압사건을 계기로 서울지역 21개 대학생 7만여 명과 지방 대학 11개교 학생 3만여 명이 학교를 나와 시내 여러 곳에서 가두시위를 전개하고, 15일에는 10만여 명의 학생과 시민이 서울역 광장에 모여 시위를 벌였다. 그러나 다음날인 5월 17일 신군부는 비상계엄령을 전국으로 확대하고, 학교는 문을 닫았으며, 학생과 정치인들이 연행되어 학생운동을 포함한 민주화 운동은 다시 암흑기를 맞이하게 된다.

새로 조직된 '국가보위비상대책위원회(국보위)'는 학원의 정상화와 교육의 개선을 위한 '교육정상화 및 과열과외의 해소방안'이라는 법제를 제정하여 당시 재야의 유력지인 《창작과 비평》, 《씨알의 소리》, 《뿌리 깊은 나무》 등 정기간행물의 등록을 취소하는 한편 언론개정법을 공표하여 동양통신을 폐간하고, 동아, 동양, 서해 등의 전일 방송을 통폐합하는 조치를 취하였으며, 언론인을 강제 해직하는 등 언론을 탄압하였다.

사회적인 안정의 기미가 보이기 시작하자 정부는 지속된 비상계엄령을 전면 해제하는 10·26 조치를 발표하고 국민에게 해외여행의 자유를 발표하였다. 그러나 시민에 대한 자유와는 달리 노동자에 대한 정부의 탄압은 철저하였다.

3년간의 강압정책으로 다져진 전두환 정권은 민정당의 집권 연장을 위한 조치로 교수와 학생을 석방한다. 1984년에 들어서 석방된 학생이 중심이 된 민주화 운동이 전개되자 정부는 유화정책을 실시한다. 학생들은 각 대학의 '자율화 추진위원회(자추위)', '학원 민주화 추진위원회(학민추)', '학원 자율화 추진위원회(학자추)' 등을 결성하고 새로운 학생운동을 전개하며 강제 징집 철폐, 졸업정원제 폐지, 평교수협의회 부활, 의문사 학우 사인 규명 등을 요구하였다. 이러한 학생운동에 자극된 노동계는 '청계피복노조'를 다시 결성하는 등 노동운동을 재개하고, 해직당한 언론인들은 '해직언론인협회'를 발족하며, 시민들은 '민주화추진협의회', '광주구속자협의회', '통일문제연구소', '민주통일 국민회의' 등을 결성하여 시민운동을 부활시킨다. 이로 인해 민주화 운동은 학생만이 아니라 노동자와 시민이 합세하는 운동으로 전개되어 간다.

학원 내에 공권력이 완전히 철수하지 않은 상태에서 학생들은 다시 전국적인 조직을 위하여 42개 대학의 대표가 모여 '전국학생총연맹(전총련)'을 조직한다. 이것은 한국에서의 민주화와 한반도 통일을 목표로 결성된 것이다. 이와는 달리 민주화와 노동운동을 강조하는 학생은 '민주화 투쟁 전국학생연맹(민투학련)'을 조직한다. 민투학련은 다시 청년, 노동자, 종교인 그리고 시민단체 등과 합하여 민통련을 결성한다.

1986년 민주화 운동은 절정기에 이른다. 그 해 벽두인 1월 16일 전두환 대통령이 민주화에 대하여 "1988년 평화적 정권교체가 끝나고 1989년이 되어서야 개헌을 논의하겠다"고 하여 임기 내 개헌 불가의 입장을 발표한다. 이것이 도화선이 되어 대대적인 투쟁이 전개된다. 2월 4일 서울의 15개 대학에서 1,000여 명의 학생이 모여 '파쇼헌법 철폐투쟁과 개헌서명운동 추진본부 결성식'을 개최하였으며, 2월 12일에는 신민당과 민추협이 공동으로 '1,000만 개헌 서명운동'을 전개하였다. 그리고 3월 5일에는 민통련 가맹 23개 단체와 각계 민주인사 303명의 이름으로 '군사독재 퇴진촉구와 민주헌법 쟁취를 위한 전 국민적 서명운동'을 발표한다.

3월 종교계를 대표한 김수환 추기경을 위시한 기독교계에서 직접 선거, 기본 인권 그리고 경제 평등 등을 요구하는 시민운동이 시작되었고, 신민당에서는 3월 11일 '개헌추진위원회 서울지부 결성대회'를 시발로 주요 도시에서 개헌 현판식 대회로 불리는 대중 집회를 전격적으로 추진하였다. 한편 각 시도 지부 결성식에 많은 인파가 운집하였으며 특히 3월 30일에 있었던 광주대회에서는 30여만 명의 시민이 몰려들었다. 학계에서는 고려대 교수를 선두로 29개 대학 783명의 대학교수가 정통성 있는 민간정부를 바라는 '시국선언문'을 발표한다. 다시 신민당에서는 100만 서명운동에 돌입하였다. 이에 대해 경찰이 신민당사를 습격하고 시민 사회 지도자를 감금하는 강경책을 취하였으나 이미 시기는 늦었다. 정부가 민주화의 물결을 막을 수 없다고 판단하여 4월 30일 야당 당수들과 청와대 회동을 갖는다.

청와대 회동에서 대통령은 야당 당수에게 국회가 합의한다면 임기 내 개헌을 반대하지 않겠다고 하였다. 한편 집권당은 개헌논의는 허용하되 개헌 집회와 가두 개헌 서명운동은 하지 말 것을 정치협상으로 제시하였다.

시민의 민주화에 대한 염원은 1987년에 더욱 확대되어 신민당과 국민 민주통일 연합, 이를테면 학생, 노동자, 농민, 도시 서비스업 종사자, 종교인, 시민단체 등이 연합하여 '민주운동 전국연합회(민주련)'를 조직하고 시위를 전개하여 3월에서 5월 사이 서울에 이어 광주, 전주, 대구, 대전, 인천, 마산, 청주 등에서 군사독재정권을 타도하고 민주정부 수립을 위한 시위가 전개되었으며, 시위에 참가한 인원이 7만여 명에 달하였다.

1986년에 발생한 가장 큰 사건은 10월 28일 발생한 건국대학교 농성사건이다. 전국 29개 대학생 2,000여 명이 건국대학교 캠퍼스에서 집회를 갖고 종파주의를 극복을 위한 '전국 반외세 반독재 애국학생 투쟁선언문(애학투)'을 채택한다. 이것은 미국의 한반도 군사기지화 반대, 미일 경제침략 저지, 반공 이데올로기 분쇄, 조국의 민주화와 통일 등을 요구하는 것이었다. 이에 대항하여 최루탄을 앞세운 경찰 병력 1,500명이 캠퍼스로 진입하여 학생들은 학교 건물 안으로 밀려들어 간다. 다음날인 31일, 6천여 명의 경찰은 헬기, 소방호수, 고가 사다리 등을 동원하여 무자비한 폭력을 행사해 1시간 만에 학생 농성을 진압하고 만다. 이 사건으로 학생 1,500여 명이 경찰에 연행되고 구속된다.

보다 큰 사건은 1987년 1월에 발생한다. 경찰은 서울대 민추위 관련자 박종운 군을 검거하기 위하여 친구 박종철 군을 경찰에 연행해 물고문을 하다 그가 사망하게 된다. 경찰은 이것을 엄폐하려 하였으나 결국 부검의였던 황준석의 진술로 박종철 군의 사인이 고문치사였다는 것이 발표된다. 이에 시민과 학생들은 더욱 강하게 반정부 시위를 하게 된다. 우선 학생들은 자체 내의 결속으로 '서울 지역 대학생 협의회(서대협)'를 조직하고 시민과 함께 '4 · 13 호헌조치'에 적극 참가하며 6월 투쟁의 선봉에 선다. 한편 5월 18일 천주교 정의구현 사제단이 박종철 고문 은폐 조작을 폭로하였고, 이에 학생들은 더욱 가열된다.

6월 9일 시위하던 연세대 학생 이한열 군이 한 달 뒤 끝내 사망하는 사건이 발생한다. 6월 10일 전국 각지에서 민주 세력의 연합체인 국민운동본부를 중심으로 학생과 시민 20여만 명이 군부 독재 타도와 직선제 개헌을 요구하는 가두시위를 전개한다. 시내에서 경찰에 몰린 시위대 일부는 명동성당으로 집결하여 이른바 명동성당 농성투쟁으로 진입한다. 명동성당 농성투쟁은 6월 15일까지 6일간 대다수 국민의 지지를 받으며 계속되었으나, 무한정 계속할 수 없어 농성을 풀고 만다.

그러나 박종철 군과 이한열 군의 두 사건은 정부의 비도덕성과 폭력 등 독재가 극에 달한 것을 여실히 보여주는 물증이었기 때문에 이들을 둘러싼 학생운동은 민주운동가뿐만 아니라 중산층의 지지를 얻게 된다. 시민운동은 마침내 대통령 직선제를 요구하는 100만 명이 참가하는 평화대행진으로 전개되고, 평화대행진은 전국으로 확산되더니 '민주헌법쟁취 국민운동본부'의 결성을 보게 된다. 드디어 대통령직선제 개헌안이 국회를 통과되어 대통령직선제 개헌안 국민투표를 실시한 결과 93.1%로 직선제 헌법이 통과되고 6공 헌법이 확정된다. 그리하여 집권당은 1988년 6·29 선언을 통해 직접선거에 의한 국민의 정부 수립을 약속한다. 말하자면 성숙한 시민운동은 국민의 기본권인 참정권을 시민의 힘으로 획득할 수 있게 된 것이다.

1987년 12월에 국민이 직선제로 투표하는 대통령 선거가 있었다. 시민의 힘으로 쟁취한 직선제였기에 집권당에 비하여 야당인 신민당이 국민의 다수표를 획득하기에 유리하였다. 그러나 야당의 지도자 김영삼과 김대중이 별도의 노선을 취하는 바람에 여당에게 패하여 여당 후보인 노태우가 당선된다.

1987년 6월 민주화선언에서 출발하여 정권을 획득한 노태우 대통령은 민주화를 내걸고 직접선거에 의해 출범하였으므로 권위주의를 청산하고 '보통사람'에 의한 민주화를 공약하였다. 이에 따라 정치범을 석방하고, 언론 출판의 자유를 보장하며, 노동 3권의 보장을 선언하였다. 노태우 대통령은 1988년 서울 올림픽을 성공리에 끝냈으며, 러시아와 국교를 정상화하고 남북한이 동시에 유엔에 가입하는 등 정치적인 성과를 올렸다. 그러나 광주사건에 대한 정권의 한계가 있었고, 특히 노동 3권에 대해서는 학생과 재야 그리고 노동자들이 한 치의 양보도 하지 않았기 때문에 노동자들의 반발을 쉽게 다스릴 수 없었다. 집권당이 소수인 약점을 보완하기 위하여 노 정권은 1990년 2월 민주당의 김영삼, 공화당의 김종필과 합세하여 거대 여당을 형성한다. 3당 합당으로 국회 의석의 70% 이상을 점유하였으나, 국민의 여론을 통제하기에는 역부족이었다.

노태우 대통령의 7·7선언으로 민주화가 보장되었으나 각계각층에 고루 전파된 것은 아니었다. 시민사회가 요구하는 것이 직선제에 의한 개헌만이 아니라 시민사회의 건전한 발전이었다. 따라서 정권에 대한 시위는 계속되었다. 전두환 정권의 퇴진을 요구하던 중산층이 후퇴하고 학생운동은 노동자 그리고 재야단체와 협력하게 되었다.

노태우 정권이 당면한 가장 큰 문제는 노동문제였다. 노동자에 대한 결사의 자유가 보장되자 종래 진행되던 노동운동인 중소기업의 여성이 중심이 되어 실시하던 항의성 시위가 대기업의 남성 중심으로 옮겨간 것이다. 따라서 노동자의 요구를 표출하는 방식이 대형화되고 과격화되어 노사의 협상이 만만치 않은 대형 시위로 전환하게 된다. 특히 자동차 노조, 조선소 노조 등의 시위와 파업은 국가의 경제를 위협할 만큼 강대한 것이었고, 이것이 '춘투(春鬪)'라는 이름처럼 정례화 되어 갔다.

노동자의 요구를 표현하기 위한 노조의 결성은 생산직 노동자에 한하지 않고 모든 직종으로 확산되어 하층인의 '전국빈민연합'이 결성되고, 농민들에 의한 '전국농민운동연합'이 결성되며, 여러 노동조합의 결성체인 전국 '민족민주운동연합(전민련)'이 조직되는 등 노동운동이 활발하게 이루어졌다.

시간이 갈수록 노동계는 활발한 움직임을 보여 각종 산업의 노동조합을 결성하고 마침내 모든 노동조합이 단합하는 '전국노동조합협의회(전노협)'의 결성을 보게 된다. 전노협은 민주노동운동의 구심점으로 14개의 지노협을 두고, 600여 노조와 20만 조합원을 갖는 노동자의 총 본산이라 할 수 있다. 전노협은 한국노총으로 대표되는 노사협조주의와 어용적 비민주적인 노동조합운동을 극복하고, 자주적이고 민주적인 노동운동을 전개할 수 있는 한국노동조합운동의 새로운 주체가 된다. 한편 농민들은 '전국농민총연맹', '전국농민단체협의회', '우루과이라운드 협상거부 민간공동대책위원회' 등을 결성하여 농민의 권익을 보호하기에 이른다.

새로운 정국을 마련하기 위하여 정치권에서는 민주당이 창당되어 이기택을 총재로 추대하더니 민정당, 민주당, 공화당 3당이 통합하는 새로운 정국을 맞는다. 1992년 선거에서 3당 통합을 주선한 김영삼이 당선되어 전두환과 노태우로 이어진 군부 출신 대통령의 시대가 끝나고 이른바 문민정부가 시작된다.

문민정부에서 보다 강하게 추진된 것이 민주화 운동의 정당화이다. 군출신 대통령 시절 정당한 평가를 받지 못한 광주의 민주화 운동에 대하여 시민들은 광주사건의 진상 규명과 관련자의 처벌을 요구하는 서명운동을 벌였다. 광주민주화운동의 올바른 평가와 보상은 문민정부에 이은 국민정부에서 완성된다.

문민정부는 거액의 정치비자금 사건과 광주사건을 관련지어 1995년 5월 전두환 전 대통령과 노태우 전 대통령을 체포하여 구금한다. 이것은 군정(軍政)을 종식하고 역사를 바로 세우기 위한 조치였다.

문민정부 하에서 국민들은 국가보안법의 철회를 강하게 요구하였으나 문민정부는 이것을 개정하지는 못하였다. 문민정부에서 보다 두드러진 것이 노동조합이다. 1980년대를 통하여 진행된 노동운동은 조합을 기준으로 체계화하여 노동자의 요구를 정당화하고, 정당한 방법으로 투쟁을 전개하여 노동자의 이익을 추구하여 갔다. 그러나 김영삼 정부는 군부 정치에서 민간인 정부로 넘어가는 과도기적 성격을 띠는 데 그친다.

1997년 선거에서 새정치국민회의 후보인 김대중이 승리하여 한국 정치 사상 처음으로 야당이 정권을 인수하는 기록을 세우게 된다. 야당이 선거에 의해 정권을 인수하였다는 것은 시민사회의 승리이자 밑으로부터의 참 민주주의의 시작이기도 하다. 말하자면 김대중의 문민정부의 출범은 한국에 민주정치가 실현된 첫 사례가 된다.

문민정부는 정치적인 민주화를 이룩한 것 이외에 대내적으로 노동운동을 옹호하고 재벌을 정리하는 국내 민주화를 추진한다. 이러한 내정의 민주화 개혁이 가능하였던 것은 출발의 전제가 IMF 위기를 탈출하는 것이었기 때문이다. 정부 자체를 축소하고 감원을 단행하여 강한 정부를 만든

후 재벌에게도 개혁을 요구하여 계열사를 정리하고 업종 전문화를 서둘러 건전한 경쟁력 있는 기업 체질을 갖도록 하였다.

경제 구조의 재편성 과정에서 한국 기업들은 건전한 체질을 이룩할 수 있었고, 이러한 과정을 지켜본 국제금융과 미국, 일본, 유럽 등의 선진국은 2차 금융 지원을 하였다. 무엇보다 무역이 흑자로 돌아서고 외국인의 직접투자 증가로 한국의 외화준비고가 IMF의 기대치를 상회하여 IMF 우등생으로 IMF를 극복하게 된다.

국민정부의 가장 큰 업적은 남북정상회담을 개최한 것이다. 김대중 대통령은 반세기 동안 가로막혔던 남북의 장벽을 넘어 200여 명의 수행원과 함께 평양을 방문하여 역사적인 남북 수뇌회담을 개최하였다. 김대중 대통령과 김정일 국방위원장은 2000년 6월 15일 남북의 평화적 통일을 위한 남북공동선언을 발표하였다. 이것으로 김대중 대통령은 노벨평화상을 수상하였으며, 무엇보다 남북대화의 길이 열려 평화적 통일을 위한 남북 당사자들 간의 여러 채널이 열리게 되어 경제협력이 추진되고 군사회담까지 개최하게 된다.

2003년 2월 25일 출범한 노무현 정권은 정치적 민주화에 큰 의미를 갖는다. 김대중 정권이 선거에 의한 야당의 승리라는 점에서 의미를 갖는다면, 노무현 정권은 경선을 통해 후보가 되어 선거에 당선되었다는 점에서 민주정치의 실현이라는 의미를 갖는다. 노무현 정권의 탄생은 사회적으로도 큰 의미를 갖는 것이었는데, 낡은 것에 대한 부정과 20~30대 젊은 세대의 승리라는 점이다. 노무현 대통령을 지지한 세력이 젊은 층이었고 그것은 새로운 것을 갈구하는 사람들의 승리였다.

노무현 정부의 탄생은 지역 간의 대결을 세대 간의 대결로 바꾸어 놓은 점에서 정치적인 의미를 갖는다. 노무현 대통령은 경남 출신이면서 호남 정치인의 노선을 추종하고 이것으로 인하여 많은 고초를 겪었으나 결국 호남의 중심지인 광주에서 압도적인 지지를 얻어 대통령에 당선되었다. 이는 지방문화적 세계관을 뒤엎었으며 그 원동력은 젊은 세대의 지지로 이루어진 것이었다. 젊은이의 승리는 지방색만을 타도한 것이 아니라 통일에 대한 의식 그리고 민족에 대한 의식도 바꾸게 되었다. 북한 문제를 냉전체제의 고정관념에서 한·미·일 3국의 힘으로 해결하려는 기득권 세력에 대하여 참여정부는 남북한의 문제를 민족의 문제로 인식하고, 북한을 민족의 평화적 통일의 대상으로 인식하여 이에 따른 정책을 수행하고자 하였다.

노무현 정부의 업적은 국내 정치에 있다. 노무현 대통령은 임기 초 법조인들과의 대화를 통해 검찰권의 독립을 보장하여 주었다. 그리고 다음으로 국정원의 독립을 보장하였다. 검찰권과 국정원은 역대 대통령들이 대통령 권한에 속하는 영역이라 생각하여 두 곳만은 꼭 장악하였다. 문민정부를 표방한 김영삼 대통령이나 국민의 정부를 표방한 김대중 대통령까지 국정원과 검찰권을 독립시키지 못하였다. 대통령이 이 두 기관을 장악하고 있었기 때문에 대통령 측근이나 청와대 비서진의 부정이 있다 하여도 이것을 수사할 수 없는 것이 관행으로 여겨져 왔었다. 그러나 검찰권과 국정원을 독립시킨 노무현 대통령의 측근은 물론 청와대 비서진도 현역에서 검사를 받고 현역이면서 검거를 당하기도 한다.

노무현 대통령이 취임한 이래 매일같이 신문에 거론되는 부정사건 비리 사건의 내용은 청와대 측근의 뇌물 사건에 연루된 비리 사건들이다.

오늘날 한국이 경험하는 민주화로의 진통 역시 경제적 기적과 동시에 정치적인 기적을 이룩하는 것이라 할 수 있다. 경제성장을 위하여 헌신하던 지도자가 독재자로 화하자 이를 제거하였다. 한국의 민주주의는 마침내 문민정부를 이룩하였고, 다시 야당이 선거에 의하여 정권을 인수하는 국민의 정부를 이룩하였으며, 더 나아가 경선에 의하여 선출된 후보를 그것도 정치자금이 부족하였던 후보를 국민이 선택하는 참여정부를 탄생시켰다. 국민에 의하여 선출된 참여정부는 제왕적 대통령에서 국민적 대통령으로 다시 태어나기 위해 사법권을 독립시켰다. 그 결과 현직 대통령으로서는 처음으로 현직에서 선거 비리에 대한 심판의 도마에 오르더니, 마침내 의회에 의한 탄핵이라는 국가 초유의 대통령 공백기를 경험하게 된다. 그러나 대통령 탄핵이 비합법적이란 헌재의 판결이 나고 대통령은 직무에 복귀하였으며 새로운 제17대 국회가 개원되었다. 대통령 탄핵을 경험한 한국, 그리고 정경유착을 비난하고 성립된 제17대 국회는 한국의 정치사상 큰 획을 그으면서 정치의 '한강의 기적'을 이룩하여 도약의 단계로 진입하였다. 이런 의미에서 이웃 일본이나 중국을 앞서가는 참 민주주의를 실현한 비유럽의 첫 국가라고 자부한다.

2007년 제17대 대통령 선거에서 승리한 이명박 정부는 노무현 정부의 서민 중심 정치에서 중산층 중심 정치로 회귀하는 정권 교체를 이룩한다. 김대중 대통령에서 노무현 대통령으로 이어진 10년이 점진적 진보주의로 향한 10년이라면 이명박 정부의 출범은 보수주의로의 회귀를 의미하며 이것이 선거에 의하여 야당이 여당이 되었다는 데 의미가 있다.

한국은 선거에 의하여 정권이 교체되는 나라이며 정치적인 민주화를 이룬 나라가 되었다. 유럽에 이어 경제적인 선진국 그리고 정치적으로 민주화를 이룬 유일한 나라가 된 것이다.

🌸 후기 산업사회

정치적인 민주화라는 격심한 산고를 겪는 사이 한국은 후기 산업사회로 진입하였다. 후기 산업사회는 기존의 산업사회와는 달리 지식이 산업의 주된 동력이기에 '지식 자본주의 시대'라고도 하고 '지식 산업사회'라고도 한다. 한국은 다행히 산업사회의 과정을 성공리에 완성한 후에 후기 산업사회로 진입하였기 때문에, 단단한 기반 위에 발전을 도모하여 후기 산업사회의 경쟁에서 선두에 서게 된다.

후기 산업사회의 주된 산업은 IT, BT, NT, CT 등을 말한다. IT란 Information Technology로 정보산업을 말하고, BT란 'Bio Technology'로 생명공학을 말하며, NT는 'Nano Technology'로 미세산업를 말하고, CT란 'Culture Technology'로 문화산업을 말한다.

🌸 정보산업(IT)

후기 산업사회의 대표적인 산업이 반도체이다. 반도체에서 한국이 최첨단을 달리고 있음은 잘 알려진 사실이다. 세계경제포럼(WEF)이 2007년 세계 127개국을 대상으로 정보통신기술 경쟁력을 조사한 결과, 한국이 9위라 한다. 이 보고서에 의하면 덴마크와 스웨덴이 정보통신기술에서 최고의 경쟁력을 가진 나라이고 스위스, 미국, 싱가포르가 3~5위 이었으며 핀란드, 네덜란드, 아이슬란드 다음으로 한국이 9위 그리고 노르웨이가 10위에 들었다.

이것은 정보통신 이용 준비도, 활용 현황 그리고 정보통신 시장·규제 · 인프라 환경 등 크게 세 개 분야에서 68개 세부 항목을 평가한 것이다. 한국의 경우 이용 준비도가 3위, 활용 현황이 4위였으나 정보통신 시장 · 규제 · 인프라 환경에서 17위였기 때문에 평균 9위가 된 것이다.

이 보고서의 세부항목에서는 한국이 기업의 인터넷 활용에서 1위, 인터넷 서비스 시장 경쟁 수준에서 1위, 개인 이용자 세련도에서 2위, 첨단제품 조달 비율에서 3위 등 15개 항목에서 5위권에 들었다. 그러나 교육비 지출에서 75위, 복잡한 창업절차에서 74위, 언론 자유에서 51위, 안전한 인터넷 서버에서 51위 등 4개 항목에서 상당히 뒤져 있는 것으로 평가되었다.

WEF 보고서는 한국이 질 높은 고등교육과 양질의 노동력 공급 등에서 경쟁력이 있는데다 세련된 비즈니스 부문이 고르게 발전되어 있어 놀랄 만한 수준으로 혁신에 성공한 나라라고 평가하였다(중앙일보 2008. 4. 10).

한국에서 반도체 제조는 1965년 처음 조립 합작 공장에서 시작된다. 그 후 1974년 통신 · 장비 업자가 미국의 ICII사와 50 대 50의 지분으로 국내 최초로 우에이바 가공회사인 '한국 반도체'를 설립하였다. 그러나 본격적인 반도체 생산은 삼성에서 시작된다. 당시 미국과 일본만이 경쟁을 하여 오던 반도체 DRAM를 생산하기 위한 결단을 내리고 삼성전자를 시작한 사람이 이병철 회장이다. 컬러 TV의 중요 부품이고 당시 컬러 TV의 폭발적 수요가 있었으나, 미국과 일본은 한국에 DRAM 제공을 꺼리거나 중지하기가 일쑤였다. 당시 삼성은 64K DRAM의 생산을 시작하고 기술 확보에 진입한 지 1년 후에 독자적인 개발에 성공한다. 1984년 삼성은 256K DRAM의 독자 개발에 성공하였으나 가격 폭락으로 큰 타격을 받았고, 1987년에는 세계 반도체 호황으로 큰 흑자를 내게 된다. 불황기에 투자를 망설이던 미국과 일본을 제치고 삼성전자는 홀로 호황기를 맞으며 4M DRAM 분야에서는 세계 최고를 기록한다. 현대전자는 1983년에 반도체 산업에 참가하고, LG는 1989년에 반도체 생산에 참가한다. 1995년 반도체 생산을 본격화하면서 16M DRAM에서 한국은 일본을 능가하였는데 1994년 256M DRAM을 처음 개발하던 해가 한국 반도체의 전성기라 할 수 있다. 그러나 한국이 비메모리 분야에서는 아직도 미국과 일본에 뒤지고 있다.

2000년대 초반 시작된 '2차 반도체 전쟁'에서 역시 행운의 여신은 한국 기업 편에 섰다. 미국 발 정보기술(IT) 거품이 꺼지는 위기를 맞아 2000년 543억 달러이던 메모리 반도체 시장은 불과 1년 만에 269억 달러로 줄어들었다. 그 여파로 NEC, 후지쓰 등 일본 업체들이 메모리 사업에서 손을 뗐지만 한국 기업들은 끝까지 버티었다. 그 덕분에 전 세계 반도체 시장은 삼성전자ㆍ하이닉스(한국), 인피니온(독일), 마이크론(미국), 엘피다(일본) 등으로 개편되고 이러한 구도는 2006년 하반기까지 지속되었다. 그러나 국내업체들이 방심한 사이 상황은 급격하게 변했다. 반도체 호황으로 한숨 돌린 미국, 일본, 대만 등 해외업체들이 공개적으로 '타도 삼성'을 내세우고 선전포고를 한 것이다. 일본 엘피다는 이를 위해 2007년 초 대만 파워칩과 손잡고 디램(DRAM) 합작법인을 세웠다. 플래시 메모리 분야에서 삼성에 이어 2위인 일본 도시바도 미국 샌디스크와 함께 대규모 낸드플래시 공장을 만들었다. 대만의 파워칩 황춘련(黃崇仁) 사장은 "삼성을 따라잡는 것이 목표"라고 공언했다. 도시바 경영진도 '삼성을 넘어서겠다'며 전의를 불태우고 있다. 이에 질세라 삼성전자는 마이크로소프트(MS), SK텔레콤과 손잡고 '스마트 폰'을 개발하여 시장 공략에 나섰다(중앙일보 2007. 10. 1).

2005년 9월 삼성전자 반도체 총괄 사장인 황창규 사장은 자청하여 신라호텔에서 기자회견을 갖고, 새로 개발한 50나노 기술을 적용한 '16Gb 칩'을 설명하였다. 황 사장은 이것을 2000년 전 종이를 발명하여 정보전

달의 신기원을 이룩한 것에 비유하면서 앞으로 필름, 콤팩트디스크(CD) 등 휴대 가능한 모든 전자제품의 저장 장치를 플래시 메모리가 대체하는 '제2의 종이혁명'이 시작됐다고 말하였다.

16Gb칩을 16개 모아 만드는 명함 절반 크기의 32기가바이트짜리 메모리 카드에는 신문 200만장 또는 MP3 8,000곡을 저장할 수 있다고 한다. 16Gb칩 개발로 삼성은 도시바 등 경쟁사와의 기술 격차를 1년 이상으로 벌렸다(중앙일보 2005. 9. 13).

이 32Gb 메모리를 개발하면서 절연체를 반도체 개발에 사용한 '차지 트랩 플래시(CTF)'라는 기술을 도입하였는데, 이것은 CTF 전자제품 개발에 절연체를 활용하기 어렵다는 기존의 상식을 뒤집은 것이며, 과히 기술적 혁명이라 말할 수 있다. 또한 지난 35년 동안 유지된 "50나노 이하로 반도체 집적도를 높일 수 없다"는 업계의 통념을 완전히 깬 것이기도 하다(조선일보 2006. 9. 12).

반도체 생산을 이끄는 황창규 사장은 '황의 법칙'으로 유명한 사람이다. '황의 법칙'은 메모리 반도체의 용량은 해마다 두 배씩 증가하며 PC가 아닌 모바일 기기와 디지털 가전제품이 그 성장을 주도할 것이라는 이론으로, 이것은 반도체의 집적도가 18개월마다 두 배로 성장한다는 '무어의 법칙'을 대체한 이론으로 유명하다.

1992년 세계 최초의 64M DRAM 개발을 시작으로 삼성은 거의 매년 '세계 최초'의 행진을 벌여 왔다. 이 때문에 삼성은 '기술 선도 기업'이라는 이미지를 쌓았다. 특히 1999년 256M 낸드플래시를 개발한 후 삼성은 매년 두 배 용량의 제품 개발에 성공했다. 64G 낸드플래시를 선보인 황창규 사장은 2002년 미국 샌프란시스코에서 열린 국제반도체회로학술회의(ISSCC) 총회에서 '황의 법칙'이라 불리는 메모리 신성장론을 주장하였으며, 2008년까지 9년 연속 이 법칙을 스스로 입증하였다.

9년 만에 '황의 법칙'을 접기로 한 것은 신기술 개발을 과시하기보다 생산비용을 줄이는 기술에 힘을 쏟는 쪽으로 연구개발(R&D) 정책을 전환하였기 때문이다. 이를테면 128G 낸드플래시를 만들 수 있는 '3차원 셀스택 기술'을 개발한 것이다. 이것은 완제품 칩을 여러 층으로 쌓아 큰 용량의 제품을 만드는 것처럼 제조 단계에서부터 데이터를 저장하는 셀을 아파트 짓듯 복층으로 만드는 것이다. 그러나 올해인 2008년 안에는 신제품을 내놓을 예정이 없다고 하였으며, 20나노(nano) 미세기술도 내놓지 않았다. 따라서 실질적으로 '황의 법칙'이 폐쇄되었다. 대신 양산 쪽에 신기술을 적용하여 '3차원 셀스택'을 32G와 64G 제품에 적용하기로 한 것이다. 이 기술을 적용한 낸드플래시가 양산에 들어가면 생산성이 경쟁사보다 30% 정도 향상된다고 한다. 삼성전자의 이러한 방향 전환으로 적자에 허덕이는 미국 마이크론과 대만의 난야, 파워칩 등 후발업체들은 더 큰 원가 압력에 시달리게 된다. 이것은 또한 2~3년 후의 선행 기술보다 당장 1~2년 후의 양산 기술에 힘을 집결해 끝을 보겠다는 의미로 해석되기도 한다. 최근 일본 엘피다 등이 감산을 선언하고 하이닉스, 마이크론 등이 인력 감축, 투자 연기에 나서는 등 반도체 업계는 구조조정에 들어갔다(중앙일보 2008. 9. 22).

황창규 사장은 5월 26일 쉐라톤 워커힐 호텔에서 열린 '서울디지털포럼 2006' 총회에서 "반도체 기술이 음악과 컴퓨터, 통신, 영화, TV 등을 휴대용 기기로 융합하는 데 기여했다"며 "다가올 미래에는 IT, BT, NT의 경계가 없는 FT(Fusion Technology) 시대가 될 것"이라고 정의했다. 그때가 되면 반도체가 전체 흐름을 주도할 것이라는 게 그의 예측이다.

황 사장은 무엇보다 메모리 반도체의 저장 용량이 급격히 늘어날 것이라고 내다봤다. 그는 "반도체 집적도의 급격한 향상으로 2010년 이후 테라바이트(1,024Gb)와 테라바이트(1,024Tb) 반도체가 등장하고, 2015년에는 미국 국회 도서관 장서를 모두 수록할 수 있는 20테라바이트 용량의 메모리 반도체 카드가 나올 수 있다"고 설명했다.

여기서 더 나아가 황 사장은 나노 캡슐의 등장도 예고했다. 그는 "앞으로 메모리 반도체, 컴퓨터(PC)의 중앙처리장치(CPU), 디지털 멀티미디어 기능 등이 하나의 칩에 합쳐지는 시대가 올 것"이라며 "이때가 되면 플래시 메모리 반도체에 바이오센서를 결합한 나노 캡슐이 등장한다"고 주장했다. 극소형의 반도체가 내장된 나노 캡슐은 인체에 투입되어 병균과 암세포 등을 공격할 수 있어 앞으로 외과수술이 필요 없는 시대가 올 것이라는 게 그의 설명이다.

반도체 발달은 결국 사람의 뇌에 필적할 만한 수준에까지 도달할 것이라는 게 황 사장의 결론이다. 그는 "메모리 반도체와 CPU의 자료처리 속도는 이미 사람의 뇌 수준에 도달했다"며 "2030년이면 뇌에 해당하는 적정 용량을 지닌 반도체를 적기에 보급할 수 있을 것"이라고 말했다(중앙일보 2006. 5. 27).

반도체의 현물인 삼성의 휴대전화가 세계 시장을 석권하고 있다는 것은 잘 알려진 사실이다. 그 구체적인 현상을 유럽의 중심지 프랑스에서 전개된 것을 보면 이러하다. 한국에서 증시 폭락과 환율 급등 소식이 계속 들려오는 10월 둘째 주 삼성전자 프랑스 법인 사무실에선 환호성이 터졌다. 프랑스 휴대전화 시장 점유율에서 삼성이 42.3%로 드디어 40% 고지를 넘은데다 2주 연속 세계 1위인 노키아(18.4%)를 두 배 이상 앞질렀기 때문이다.

삼성이 노키아를 처음 추월한 것은 2006년이고 2008년 초부터는 줄곧 평균 6~7% 포인트 차를 벌렸다. 그러나 10월 들어 처음으로 두 배의 격차를 내더니 차이를 더욱 벌린 것이다. 평균 단말기 가격이 노키아보다 20% 정도 비싸지만 삼성은 9월까지 600만 대를 팔아 노키아(380만여 대)를 압도하고 있다. 세계시장에서 거의 유일한 현상이다. 삼성이 현재 프랑스의 PDP와 LCD 휴대전화 등 주요 가전제품 시장에서 1위를 달린다. 삼성이 까다롭기로 이름난 프랑스 시장에서 돌풍을 일으키고 있는 데는 또 다른 배경이 있다. 그것은 요리와 패션, 음악, 미술 등 이른바 '문화 마케팅' 때문이다.

삼성은 프랑스의 5대 음식점 안내서 가운데 하나인 상페라 측과 손을 잡고 요리를 좋아하는 프랑스인의 심금을 울리는 마케팅을 시작했다. 지난해에는 상페라와 함께 전국 15개 중소도시를 도는 '삼성-상페라 전국투어'를 개최했다. 투어를 진행하며 방문지마다 유명 요리사와 최고의 음식점을 선정하고 시상하였다. 기념 만찬에는 개최지의 거래선과 지역 유지들을 초대했다. 상을 받은 일급 요리사들은 삼성의 전기오븐으로 음식 솜씨를 뽐냈다.

패션 부문도 공략했다. 지난달 파리의 오트 쿠튀르 패션 주간에는 명품 브랜드인 플카와 함께 마케팅을 했다. 삼성은 프랑스의 유명 여배우와 모델 23명에게 삼성 캠코더를 나눠주고 셀프 카메라를 찍도록 해 이를 명품 거리인 생토노레의 플카 매장에서 하루 종일 삼성 모니터를 통해 방영했다. 최고 배우들이 삼성 제품을 쓴다는 점과 삼성 브랜드가 명품과 잘 어울린다는 사실을 강조한 전략이었다.

다음에는 론칭한 뮤직폰을 구입하는 고객에게는 프랑스 최고 인기가수인 크리스토프 마애의 노래가 내장된 메모리카드를 주었다. 올 여름 휴가철에는 '센 강 록콘서트' 등 야외 콘서트장에도 부스를 마련해 젊은이들에게 음악 다운로드 서비스를 해주기도 했다. 이 밖에 오르세 미술관에는 연말부터 삼성전자가 후원하는 한국어 안내 브로슈어가 비치되며, 연간 600만 명이 찾는 퐁피두센터 곳곳에 삼성 LCD, PDP, TV가 비치된다. 올 초에는 엘리제 궁에도 게스트룸과 대회의실 등에 삼성 TV가 들어가기도 했다(중앙일보 2008. 10. 30).

이와 같이 삼성전자가 프랑스에서 선망받는 기업이 된 것은 프랑스의 음식, 문화, 음악, 연예계 등 다방면에서 입체적인 공략이 있었기 때문이다. 무엇보다 현지인의 취향에 맞는 전술과 현지인의 문화를 충분히 활용한 덕분이라 하겠다.

과거 참여정부의 정보통신부 장관을 역임하였던 진대제 장관은 우리나라 IT산업이 선두주자가 된 비결은 융복합시대를 맞아 컴포넌트(component), 휴대전화와 인터넷 등의 커뮤니케이션(communication), 서비스 개발, 컨슈머(consumer), 일렉트로닉스(전기)와 컴퓨터를 생산할 수 있는 개발 및 기술력 등 4C를 갖추고 있기 때문이라고 말하였다. 그에 의하면 4C를 고루 갖춘 나라는 우리나라와 미국, 일본 정도이다. 여기에 게임 등 콘텐츠(contents)까지 발달되어 있다고 한다. 말하자면 한국은 IT산업 발전을 위한 필요충분조건을 다 갖추고 있는 셈이다(한국일보 2005. 12. 5).

한국이 IT 메카임을 보여주는 것이 '동북아 IT 허브'이다. 서울 상암동에 세워진 '누리꿈 스퀘어'는 디지털미디어센터(DMC)의 대형 복합건물, 국내외 첨단 정보기술(IT) 업체를 한데 모아 이룩한 동북아 IT 비즈니스의 허브(중심)이다. '누리꿈 스퀘어'에는 22층의 비즈니스센터, 16층의 연구개발센터, 4층의 공동제작센터와 디지털 파빌리온 등 4개 동으로 이루어졌다. 건물 전체에서 가장 눈길을 끄는 것은 비즈니스센터와 연구개발센터를 연결하는 'IT 캡슐'이다. 이 구조물은 디지털 콘텐츠(DC)와 소프트웨어(SW)를 중심으로 한 IT 분야의 R&D 기능과 마케팅, 생산, 유통 기능을 한곳에 모아 시너지 효과를 내겠다는 누리꿈 스퀘어의 건설 목표를 상징한다.

외국의 공세에 대하여 국내에서도 맞대응하고 있다. 삼성전자는 마이크로소프트(MS), SK텔레콤과 손잡고 '스마트폰' 시장 공략에 나섰다. 이를 위해 삼성전자는 모바일 운영체제와 SK텔레콤의 첨단 이동통신을 합친 스마트폰 모델 'T옴니아'를 국내 처음 발표했다. T옴니아는 올 들어 해외시장에서 인기를 끄는 삼성 옴니아폰을 SK텔레콤 서비스에 맞게 업그레이드한 모델이다. 옴니아는 싱가포르에서 첫 선을 보인 뒤 영국, 중국 등 43개국에 출시되어 프레미엄급 스마트폰으로 돌풍을 일으키고 있다. T옴니아는 '모든 것(everything)'을 의미하는 라틴어 '옴니아'와 SK텔레콤이 제공하는 미래형 모바일 세상을 뜻하는 'T라이프'를 결합한 말이다. 초당 7.2Mbps의 전송 속도로 초고속 무선 인터넷을 연결하고 PC멀티미디어, 위성DMB, GPS는 물론 휴대용 멀티미디어기기(PMP)를 능가하는 기능을 집결한 풀터치 스마트폰이다. T옴니아는 날씨, 멜론서비스, 싸이월드 2.0, 모바일 인스턴트 메신저(MIM) 등 SK텔레콤의 서비스 사용에 적합하도록 만들었다(중앙일보 2008. 11. 4).

이와 같이 삼성을 위시한 반도체 분야 메모리 생산에서는 한국이 세계를 주도하는 최첨단에 있는 것이다.

🌀 생명공학(BT)

한국은 BT산업에서도 최첨단을 걷고 있는 나라이다. BT는 현대과학이 집대성된 오케스트라와도 같다. BT는 생물학, 물리학, 수학, 의학, 심지어 철학, 심리학, 인류학, 윤리학까지 결합된 새로운 형태의 학문과 기술 영역이며 융합의 예술이라고까지 말할 수 있다. 그런 면에서 BT의 미래 가치와 신장성은 IT보다 훨씬 클 것으로 예상된다. BT의 목적은 인류의 삶의 질을 향상시키는 데 있지만 궁극적으로는 산업화, 즉 실용화를 목표로 한다. 이것은 BT가 순수과학이 아니라는 뜻이다. BT의 미래를 말하기를, BT를 선점할 수 있는 나라는 지구의 지도를 바꾸어 놓을 것이라고 한다. 이런 의미에서 지금은 역사의 큰 변화의 순간이기도 하다. IT 강국인 한국이 BT의 융합을 위해 어떻게 해야 할 것인가? 답은 명확하다. 산업체만이 아니라 국가의 운명을 걸고 BT의 연구와 개발에 매진하여야 할 것이다.

인류 최초로 인간배아 복제를 통해 줄기세포를 배양하는 데 성공하여 전 세계 생명공학계의 중심에 우뚝 선 황우석 교수는 한민족의 영웅이 되었다. 그는 실제 동물 하나를 복제하기 위해 수많은 난자가 필요하고, 그 과정에 상당수의 대리모가 갑자기 죽는 증후군을 겪기도 한다고 생명공학의 어려움을 실토하기도 하였다. 인간복제가 생명윤리에 반할 것이라는 우려에 대하여 그는 "나를 포함한 생명공학자들의 목적은 단지 난치병을 고칠 수 있는 기술을 갖는 것이지 신을 대신할 사람으로 기록되길 원치 않는다"고 말하였다. 황우석 교수는 생명공학의 역사적 상징인 복제견 스누피(Snuppy)를 탄생시켜 세계를 놀라게 하였으며, 스누피의 대부(代父)가 되고 싶다는 세기의 석학 앨빈 토플러(Alvin Toffler)가 방문하기도 했다 (조선일보 2005. 9. 5).

그러나 불행하게도 국민의 희망이던 황우석 교수는 2005년 11월 미국 피츠버그 대학 제럴드 새튼 교수와 결별한 후 언론계의 추적으로 '줄기세포 사건'이 끝없는 추락을 거듭하였다. 결국 세계를 놀라게 했던 복제 줄기세포는 실체가 없는 것으로 밝혀졌다. 이에 따라 국민을 들뜨게 했던 난치병 극복의 희망은 물거품이 되어 버렸고, 이에 한국 정부는 황 교수의 복제 연구를 사실상 금지시키고 말았다. 황우석 교수가 침몰한 사이, 전 세계는 보란 듯이 줄기세포 연구 성과를 내놓고 있다.

미국의 경우, 캘리포니아 어바인의 생명공학회사 노보셀(Novocell)은 인간배아 줄기세포를 인슐린을 분비하는 췌장 배타세포로 분해시키는 데 성공하였다고 발표했다. 한편 하버드 대학 연구팀은 체세포 핵 이식에 의한 인간배아 복제 실험에 들어간다고 밝혔다. 하버드대는 불임치료에 쓰고 남은 난자를 사용하고 있다고 한다. 여기서 주목할 것은 연구팀의 조지 데일리, 더글라스 멜튼, 케빈 에건 박사들이 모두 과거 황우석 교수와 공동연구를 추진하던 사람들이라는 것이다. 연방정부와 별도로 캘리포니아 주는 1억 5천만 달러(한화 1,440억 원)의 연구비 지원을 결정하였다고 한다.

영국에서는 런던대학과 미국 미시간대학 공동연구팀이 2008년 8월 《네이처(Nature)》에 발표한 논문에서 미성숙 줄기세포를 쥐의 망막에 이식하여 시력을 복원하는 데 성공하였다고 한다. 최근에는 영국 런던 흉부병원 의료진이 이달 중으로 심근경색 환자 50명을 모아 환자 자신들의 골수에서 추출한 줄기세포를 이식할 예정이라는 뉴스가 나왔다. 영국은 10년간 최대 8억 2,000만 파운드(한화 약 1조 4800억 원)를 지원하는 제안서를 마련하였다.

일본 교토대의 야마나카 신야 교수팀은 같은 날 다 자란 세포를 원래의 배아줄기세포 상태로 되돌리는 데 성공하였다고 발표했다. 연구팀은 다 자란 쥐의 꼬리에서 추출한 피부 세포에 특정 유전자를 끼워 넣음으로써 배아줄기세포와 유사한 형태로 만드는 데 성공하였으며, 이 배아줄기세포는 정상 배아줄기세포처럼 다양한 조직으로 분화됐고 다른 쥐에 삽입했을 때 테라토마라는 암 조직을 유발하는 것도 확인됐다고 하였다. 일본은 복제인간을 금지할 클론기술 규제법의 특정 배아지침을 개정해 인간배아 복제에 관한 연구를 제한적으로 허용하는 방안을 추진하고 있다고 한다.

호주 상원은 지난 7일 줄기세포 연구를 위한 인간배아 복제를 허용하는 법안을 통과시켰다. 싱가포르도 ES셀 인터내셔널사가 임상실험용 인간배아 줄기세포주 여섯 개를 수립하였다고 한다. 이탈리아 밀라노대학 연구팀은 지난 6월 "난자가 정자의 도움 없이 배아로 분화하는 이른바 처녀생식으로 인간배아를 만들었다"고 발표하였다. 연구팀은 기증받은 104개의 난자를 사용해 처녀생식법으로 미성숙 배반포를 얻었으며 여기서 두 개의 배아줄기세포를 만들었다고 밝혔다. 배아줄기세포는 이후 시험관 배양을 통해 성숙한 신경원(신경세포)으로 자라난 것으로 알려졌다.

한국에서eh 침체된 분위기와는 달리 성과가 나오고 있다. 연세대 김동욱 교수와 미 하버드대 의대 마일스 커닝햄, 김광수 교수 공동연구팀은 지난 달 말 불안과 우울증상을 가진 실험용 쥐의 뇌에 쥐 배아줄기세포를 주입한 결과, 불안과 우울증 증상이 회복되는 결과를 관찰하였다고 밝혔다. 김 교수는 척수 손상을 치료할 수 있는 세포를 인간배아 줄기세포에서 대량으로 생산하는 방법을 개발해 국제저널에 발표하기도 했다.

최근 《사이언스》지는 "한국이 줄기세포 3대 강국 진입을 위해 10년간 4억 5,400만 달러를 투자하겠다고 밝혔다"며 "포천중문의대, 차병원, 마리아 바이오텍, 미즈메디 병원, 서울의대 등 불임 클리닉들의 경쟁 덕분에 배아줄기세포 연구를 빨리 시작할 수 있었다"고 분석했다. 이와 함께 《사이언스(Science)》지는 서울대 김효수 교수팀이 2003년 심장질환 환자를 대상으로 대규모 성체줄기세포 임상실험을 수행해 성과를 거둬 논문을 발표하기 직전이며, 한양대 김경성 교수팀이 발표할 배아줄기세포 조절 마이크로 RNA에 대한 논문은 지난 2년 동안 가장 많이 다운로드한 톱10 논문으로 기록됐다고 소개했다.

최근 서울대 수의학과 이병천 교수팀과 줄기세포 전문기업 알랜엘바이오는 피하지방에서 분리한 성체줄기세포를 이양해 복제견 '메직'과 '스템'을 탄생시키는 데 성공하였다고 발표하였다. '메직'과 '스템'은 비글 종이다. 황우석 교수가 탄생시킨 '스누피'는 체세포로 개를 복제한 것이지만 '메직'과 '스템'은 줄기세포로 복제한 첫 실험이 된다(중앙일보 2009. 2. 30).

연세대 김동욱 교수는 "미국의 하버드대, MIT와 일본 고배의 재생의학

연구센터 등이 복제 연구를 하고 있으며 황우석 팀의 최고경영자이던 ACT사도 최근 복제용 난자를 기증받았다는 얘기를 들었다"고 말했다. 그는 박병수 스마젠 회장이 이사장인 수암장학재단의 지원을 받아 동물 줄기세포 연구를 위한 수암생명공학연구원을 설립했다. 연구원 실험실에는 과거 서울대 수의대 연구팀의 대학원생과 졸업생 20여 명이 합류했다고 한다(조선일보 2006. 11. 15).

현재 생명화학에서 두각을 나타내 외국에서까지 인정을 받는 이가 세 명이나 된다. 서울대 생명과학부 김빛내리 교수는 생명과학 최고 권위지인 《셀(Cell)》지에 단백질과 함께 생명 현상의 중요 조직물질로 부각되고 있는 마이크로 RNA(micro RNA)의 생성 과정을 새롭게 밝힌 논문을 발표했다. 김 교수는 2002년 마이크로 RNA가 두 단계의 변형을 거쳐 만들어진다는 사실을 세계 최초로 밝혀냈으며, 이듬해에는 첫 단계 변형에 관여하는 드로샤(Drosha)라는 핵심 단백질을 찾아내 《네이처》지에 발표했다. 마이크로 RNA는 DNA와 다른 RNA에 달라붙어 DNA에 있는 특정 유전자의 정보가 단백질로 구현되는 것을 막는다. 이 과정을 모방하면 질병을 일으키는 유전자를 자유자재로 차단할 수 있어 세계적 주목을 받는다고 한다. 최근에는 마이크로 RNA의 유전자 조절 기능이 고장 나면 암이 발생한다는 사실도 밝혀져 그 중요성이 더욱 높아지고 있다.

일본 도쿄대 농학생명과학연구과 박사과정 이정익 연구원은 당뇨병 환자의 연골세포로 이식받을 다른 사람의 인슐린 분비 췌장세포를 감싸면 면역세포가 이물질로 생각하지 않아 면역거부반응을 피할 수 있음을 동물실험을 통하여 확인했다. 병원에서는 당뇨병 환자에게 다른 사람의 췌장세포를 이식하는 치료법을 쓰고 있으나, 환자의 면역세포가 이식된 세포를 이물질로 여겨 공격하는 바람에 치료 효과가 크지 않았다. 그런데 이정익 연구원이 이것을 극복한 것이다.

연세대 생명공학과 이상규 교수팀은 미국 예일대 의대 연구팀과 함께 인체에서 면역반응을 제어하는 T세포에 '팍스피쓰리(Foxp3)' 유전자가 쌍으로 결합하지 못할 경우 천식, 류머티즘, 아토피 처리면역세포가 정상세포를 공격해 일어나는 자기면역 질환이 발생한다는 사실을 밝혀냈다. 이 메커니즘을 이용해 류머티즘, 천식, 아토피 등의 자기면역 질환을 치료하는 신약을 개발할 수 있게 된 것이다(조선일보 2006. 6. 3).

BT 분야에서 최고 선봉을 달리던 황우석 교수가 불행하게도 한국에 있었기에 언론에서 수모를 당하고 연구를 중단하지 않을 수 없는 지경에 이르렀으나, 황 교수가 사라졌다고 한국 BT 전체가 침몰한 것은 아니다. 황 교수도 다시 연구를 시작하였으며 한국이 이제라도 미국, 영국 등과 어깨를 나란히 하고 연구를 진행하고 있으므로 머지않아 한국의 BT 연구는 세계 최고의 자리를 회복할 것이다.

🏵 나노기술(NT)

나노 기술은 머리카락의 백만분의 1에 해당하는 미세한 물체를 이용하는 기술로, 1m의 길이를 10억 개로 나눈 길이의 나노미터 수준에서 물체를 만들고 조작하는 기술이다. 고물질의 크기가 작아짐으로 얻을 수 있는 정보저장 및 처리의 극대화를 이용한다. 따라서 나노기술은 IT 또는 BT 등에 많이 사용되고 있다.

IT에 황창규, BT에 황우석 교수가 있다면, NT분야에는 서울대학교 문리과에 재직 중인 국양 교수가 있다. 그는 교육인적자원부와 한국학술진흥재단이 선정한 2006년 국가석학 10명 중에 선정되었다. 국양 교수는 세계적 나노과학을 선도하는 세계적 권위자로 탄소나노튜브와 관련된 분야의 세계적 권위자이고 독보적 존재이다. 그간 130여 편의 논문을 《네이처》지에 발표하였고 그의 논문이 인용된 회수가 1,800회가 넘는다고 한다. 말하자면 한국은 NT에서도 세계적인 수준에 있는 것이 된다. 국양 교수는 1984년 주사터널링현미경(STM)을 처음으로 만들어 세상을 놀라게 한 인물이다. 이것은 손의 역할을 하는 특수한 칩을 이용해 원자의 표면을 볼 수 있는 특수 장치이다.

보통 사람이 육안으로 볼 수 있는 물체는 3차원의 세계를 갖고 있다. 그러나 물체의 길이가 원자지름 100개 이내로 줄어들면 그 차원이 없어진다고 볼 수 있다. 예컨대 정육면체의 설탕입자가 우리 눈에 보일 정도의 크기에서는 당연히 일정 공간을 차지하는 3차원을 이루고 고전의 역학법칙이 정용된다. 그러나 설탕입자가 깎이고 깎이어 한 면의 길이가 수십 나노미터 이내로 줄어들면 물리법칙 측면에서 볼 수 없는 전혀 다른 세계, 말하자면 0차원이 전개된다. 0차원의 세계를 연구하는 대상이 양자점(quantum dot)이라 한다. 양자점에서는 물질의 전자기적 성질이 달라진다. 이러한 세계에서 전개되는 물리법칙이 비밀을 규명하는 것이 나노 연구의 목적이 된다.

탄소나노튜브 같은 1차원 소자 연구에 의하면 1차원에서 전자들은 서로 사이의 작용을 벗어나기가 어렵기 때문에 전자가 마치 액체처럼 행동한다. 이 액체를 "루틴저 액체 모형"이라 하는데 오래전 이론적으로 예측하였으나 실제로는 관찰을 하지 못하였었다. 그런데 국양 교수가 탄소나노튜브의 전자가 실제 이 모양을 따른다는 사실을 입증한 것이다. 이 연구 결과를 《피지컬 리뷰 레터스》에 발표하였다.

최근 국양 교수는 폴리피롤이라는 분자로 이어진 나노선의 물리적 특성을 연구 중이다. 1차원 소자로 탄소나노튜브라는 또 다른 성격을 연구하는 것이다. 폴리피롤선은 그의 말에 의하면 아마 40년 후에나 상용될 것이라 한다.

탄소원자 82개가 축구공처럼 결합된 분자를 풀러린 분자(Fullerene)라 한다. 나노튜브 속에 이 풀러린 분자를 삽입하면 반도체 소자가 기능할 수 있다는 것을 밝힌 논문을 《네이처》에 개제하였다.

현재 국양 교수는 나노세계에서 일어나는 현상을 볼 수 있는 각종 시설 장비인 주사터널링현미경, 원자간력현미경, 주사형게이트현미경 등을 갖춘 연구실에서 박사 5명, 박사과정 14명, 석사과정 3명 등 총 22명으로 이루어진 나노기억매체운구단을 이끌고 연구에 매진하고 있다(사이언스 2005. 05. 09).

🌸 문화산업(CT)

CT란 '한류(韓流)'를 말하는 것으로 한류라는 이름의 한국 대중문화가 이웃한 일본, 중국 그리고 동남아시아에 강한 힘으로 전파되어 가고 있으며, 다시 프랑스를 통하여 유럽으로, 뉴욕을 통하여 미국으로 그리고 카이로를 통하여 중동과 아프리카로 전파되고 있다. 대중문화는 영화, 텔레비전 드라마가 주된 내용이지만 영화의 주인공과 대중가요의 가수가 모델이 되어 인기를 끌고 있는 것이다.

일본에서 한류가 시작된 것은 안재욱이 출연한 〈별은 내 가슴에〉가 일본 열도에 상륙하면서부터이다. 그리고 본격적으로 한류의 돌풍이 불기 시작한 것은 배용준과 최지우가 연출한 〈겨울연가〉 이후이다. 〈겨울연가〉가 방영되는 시간에는 길에 다니는 사람이 없을 정도로 큰 인기를 얻었고 일본인 모두가 그 드라마에 심취하였으며 특히 배용준은 '욘사마'라고 불리며 중년 여성들에게 인기를 얻었다.

일본에서 한류가 돌풍을 일으킨 것은 〈겨울연가〉의 주인공 배용준과 최지우가 사람들에게 맑고 깨끗한 인상을 주고 드라마의 내용이 한국적인 순정과 순정을 지켜가는 모습을 보여줬기 때문이다. 최근 들어 지나치게 서구화되어 퇴색해가는 일본에 동양적 미덕을 보여준 것도 하나의 요인으로 작용했다. 게다가 주인공을 맡았던 두 배우가 풍기는 고상하고도 품위 있는 언행이 일본 여성의 마음을 사로잡기에 충분했다.

중국에서는 〈별은 내 가슴에〉라는 안재욱의 드라마가 상륙하면서 '한미(韓迷 한국 마니아)'라 불리는 한류팬 층을 형성했다. 일본과 달리 중국에서는 청소년층이 영화를 통해 신흥국가 한국의 개방된 사회와 자유로운 분위기에 깊이 빠져든 것이 특징이다. 한국 영화를 통해 중국과 같이 폐쇄된 사회 속에 살면서 느껴보지 못한 개방된 사회의 문화적 감성을 느끼고, 한국 상류 사회의 생활 모습과 가족의 가치 등을 감지하면서 대리만족을 하는 것이다.

중화권 한류의 관문 역할을 하고 있는 대만에서는 멜로드라마 〈가을동화〉가 히트를 친데 이어 〈올인〉, 〈인어아가씨〉 등이 인기를 끌면서 송혜교, 김희선 등이 최고 스타가 된다. 특히 대만에서는 2005년부터 주요 TV 채널의 한국 드라마 방영 시간이 연간 1,000시간을 훌쩍 넘었다.

베트남의 경우, 1999년 한국 드라마 〈의가형제〉가 방영된 이후 주인공 장동건이 베트남의 '국민 스타'가 되었다. 베트남에서는 〈의가형제〉가 여섯 번이나 재방송될 정도로 인기가 있었고, 장동건이 화보집의 표지인물로 나와 폭발적 인기를 끌었다. 한국 배우의 인기는 장동건만이 아니다. 베트남 잡지의 표지인물로 한국 연예인들이 많이 등장하고 잡지의 내용과 관련 없는 연예인이 나오기도 한다(뉴스한국 2007. 3. 17).

동남아시아에서는 예상치 못한 미얀마에서까지 한류가 성황을 이루고, 일본이나 중국보다 더 넓은 층이 한류에 휩싸여 있다. 미얀마에서는 어린 이부터 남녀노소에 이르기까지 한류에 휘말려 간단한 한국어 몇 마디씩은 다 한다고 한다. 그것은 영화나 드라마가 자막 처리가 되기 때문에 한국 대사를 들으면서 한국어에 익숙해졌기 때문이다. 동남아시아의 다른 나라에서도 이런 현상이 있었으나 미얀마에서는 〈주몽〉이 방영되는 시간에는 시내에 사람들의 인기척이 없을 정도로 많은 사람이 드라마를 시청한다고 한다. 주몽 관련 상품이 등장하는 것은 물론 심지어 백화점의 비닐봉지에도 주몽의 얼굴이 사용된다고 한다.

　　일본을 포함한 중국 그리고 동남아시아에서 한류가 유행하는 원인을 일본 니혼대학 심리학 명예교수인 오무라 마사오는 〈겨울연가〉를 예로 들어 이렇게 설명하고 있다. "일본의 경우 시간이 갈수록 퇴폐적인 분위기가 유행하고, 한국의 〈겨울연가〉가 일본에 상륙하기 전 하시다 스카고의 TV 드라마 〈오싱〉이 방영되어 엄청난 충격을 주었으며, 드라마가 끝난 이후, 목욕탕을 가는 여자의 수가 급격히 감소되었다. 이런 분위기에 상륙한 〈겨울연가〉는 새로운 충격을 준 것이다. 최지우가 배용준에게 보인 순정은 육체적으로나 정신적으로 공동화되어 있는 일본 중년 여성에게 반성과 참회의 기회가 되었다"는 것이다.

　　중국이나 동남아시아에서도 한류가 유행하는 이유는 일본과 크게 다르지 않다. 서양의 영화나 드라마는 폭력과 섹스가 주요한 가치가 되지만 동양적 가치는 사랑, 관용, 평화가 주가 되고 이것이 한국 드라마와 영화에 잘 반영되어 있기 때문에 아시아인들에게 호감을 주는 것이다. 말하자면 유교문화와 같이 가족중심주의 가치관과 권선징악의 윤리의식이 한국 영화에 반영되며 이에 따라 동양인으로서의 공감대가 쉽게 형성되기 때문이라는 것이다.

한류는 영화나 드라마를 넘어 대중가요 가수로까지 확대되어 더욱 활기를 띠게 된다. 일본 무대에 등장한 '보아'의 인기는 '욘사마'를 제치고 1조원의 가치가 있는 '걸어 다니는 기업'이라는 별명을 듣고 있다.

최근 미국으로 진출한 보아는 UCLA의 아시아연구소에서 실시하는 Asian-Pacific Arts 웹지에서 2007년의 아시아 인물로 선정되었다. 이것은 아시아 지역에서 이름을 날린 가수에게 주는 상이다. 중국과 동남아시아에서 인기 있는 동방신기도 근년에 미국에 진출하여 인기를 끌고 있다.

미국에서 활약하고 있는 가수로는 '비'가 유명하다. 비는 아시아 가수로서는 처음으로 뉴욕의 메디슨 스퀘어 가든 씨어터에서 2006년 2월 2일 '뉴욕의 비 오는 날(Rainy Day in New York)'이란 제목으로 단독 콘서트를 개최하였다. 히트곡과 함께 역동적 춤을 추며 비가 "아이 러브 유"를 외치자 내내 탄성을 지른 5,000여 명의 관중이 "아이 러브 유 투"로 응답하였을 정도로 콘서트 장은 순식간에 흥분의 도가니가 되었다. 이날 공연을 참관한 미국 최고의 프로듀서 겸 가수인 피디디(P.Diddy)는 "아시아 최고 가수인 비의 미국 진출을 환영한다"며 자신이 소유한 힙합 브랜드 '션 존'의 첫 아시아 모델로 비를 선정하겠다고 하였다. 피디디 이외에도 미국 주요 음반사 관계자들이 참석해 공연을 지켜보았으며《뉴욕타임스》, 《뉴욕포스트》 등 현지 언론과 아시아계 매체의 기자 100여 명이 참석하여 공연장 안팎에서 취재 경쟁을 벌였다고 한다(한국일보 2006. 2. 4).

이제 한류는 아시아를 넘어 유럽과 미국으로 전파되어 가고 있다. 프랑스에서는 1974년 최초로 한국 영화가 퐁피두센터에서 상영되었다. 그 후 지속적으로 방영되어 오다가 2002년 한국 영화의 인기가 높아지자 영화 전문 월간지인 《영화 수첩》은 한국 영화의 상영 일정, 작품 그리고 영화감독 등을 자세히 소개하기 시작하였다. 주불한국문화원과 한국관광공사 등이 협력하여 2004년 한국 영화 축제가 있었고, 그 후 소르본느 대학가에 있는 르플레 메디시스 극장에서 하루 5편의 한국 영화를 상영하기 시작하였다. 2005년에는 한국 영화 회고전이 열리기도 하였다.

독일의 경우 2005년 슈투트가르트의 영화박물관이 주최하는 아시아─태평양 주간에 한국이 주빈 국이 되어 한국 영화가 상영된 바 있다. 영국에서는 2004년 버스 영화제에서 한국의 〈장화홍련전〉이 소개된 이후 같은 해 11월 셰필드 한국 영화제가 개최되어 7편의 영화가 소개되었고, 다시 같은 해 제3회 한국 영화제에서 역시 7편의 한국 영화가 소개되었다. 그리고 월간지 《가디언》은 꾸준히 한국 영화를 소개하고 있다.

미국의 경우 비와 한국의 대중음악이 인기가 있으며, 한국의 영화와 애니메이션이 호평을 받고, Amazon.com에 한국 영화 코너를 별도로 마련하여 한국 영화를 소개하고 있다. 한편 미국에서는 한류가 학계에서 화제가 되어 연구의 대상이 되고 있다. 하버드대학의 한류 세미나에 이어 뉴욕 콜롬비아대학에서 한류 워크숍이 개최되었다. 미국 전역에서 한류를 강의하는 12명의 교수와 한류 전문가, 아티스트, 평론가 등이 모여 한류를 주제로 깊이 있는 토론을 전개하였다. 토론의 내용은 역사로부터 파생된 아시아 국가들 간의 적대감에 한류가 어떤 영향을 미칠 것이냐 하는 것과 한류가 새로운 문화현상으로 어떻게 발전되어 갈 것인가 하는 전망을 논의하였다. 이 토론에서는 한국의 영상 문화뿐만 아니라 음악, 무용, 의복, 음식에 이르기까지 한국 문화의 전 분야가 다루어졌다(중앙일보 2007. 11. 15).

최근에는 중동에까지 한류가 전파되고 있다. 이집트의 국영 TV ERTU의 채널─2에서 2004년 8월 한국의 〈가을동화〉가 방영되었고 2005년 1월에는 〈겨울연가〉가 방영되었다. 〈겨울연가〉가 방영된 이집트에서는 방송 시간대면 거리가 쥐죽은 듯 썰렁해진다면서 '드라마 통금'이라는 말이 유행하였다(한국일보 2006. 1. 16). 이 방송국은 이집트뿐만이 아니라 중동과 아프리카의 최대 방송국으로 그 영향권이 방대하다. 이곳에서는 김종학 피디의 〈모래시계〉와 〈여명의 눈동자〉가 인기가 있었다고 한다. 따라서 단군신화와 광개토대왕을 주제로 하는 〈태왕사신기〉는 한국에서 방영되기도 전에 예약되었다고 한다.

이러한 한류에 따라 한국의 지상파 방송과 케이블 방송사가 호황을 누리고 있다. 한국방송영상진흥원이 주최한 국제방송영상견본시(BCWW)에 의하면 지상파 방송의 드라마 수출이 연간 2,700만 달러라고 한다. 2008년의 경우 KBS에서는 〈바람의 나라〉와 〈연애결혼〉을, MBC는 〈베토벤 바이러스〉와 〈에덴의 동쪽〉을, SBS는 〈바람의 화원〉, 〈타짜〉, 〈신의 선물〉을, CJ미디어는 〈쩐의 전쟁-오리지널〉과 〈리틀맘 스캔들〉을 수출한다고 한다. 정부에서도 적극적인 후원이 이루어져 서울에는 상암동DMC(Digital Media City)를 설립하였고 인천에서는 송도 단지를 조성하였으며 부산은 센텀시티를 조성하였다.

새 시대를 반영하듯 스타들도 변하고 있다. 인기스타 류시원, 장나라, 박용하를 제치고 등장한 김정훈은 가수 겸 탤런트로 중국에서 2편의 드라마에 출연하였고 다시 일본에서 2장의 앨범을 발표하였다. 중국 배우 비비안 수와 같이 주연한 중국 드라마 〈연예병법2〉를 일본에서 일본어로 더빙을 하는데 본인이 직접 일본어로 더빙하겠다고 나섰다. 이것은 탤런트가 직접 외국어로 더빙하는 선례를 보여주려 한 것으로 탤런트도 외국어에 능해야 한다는 것을 보여준 것이다.

이상과 같이 지식산업사회에서 한국은 최첨단에서 1~2등을 다투는 최상급 선진국이 되었다. IT의 경우 미국, 인도, 한국이 경쟁하고, BT에서는 영국, 미국, 한국이 경쟁하며, NT에서는 독일, 미국, 한국이 경쟁하고, CT에서는 한국이 일본, 중국, 동남아시아를 휩쓸고 있다.

한국은 경제 산업국으로서는 10위권에 있으나 후기 산업사회에서는 전

분야에서 3등 이내에서 1~2등을 다투고 있다. 한국이 산업사회로 진입할 수 있었던 것은 한국인들의 부지런함과 성실성, 그리고 높은 교육열 때문이었다. 후기 산업사회는 한국인의 풍류와 기질, 그리고 섬세함으로 이룩한 것이다. 말하자면 한국인이 후기 산업사회에 와서 더욱 진가를 발휘하고 있는 것이다.

후기 산업사회 현상

과학과 기술이 산업사회를 지나 후기 산업사회로 진입한 것과 같이 사회현상에서 한국은 이미 여러 방면에서 후기 산업사회의 징조를 보이고 있다. 후기 산업사회 특징의 하나가 인구의 노령화 현상이다. 1980년대 후반부터 인구 증가율이 감소하는 경향을 보일 때 한국은 예상하지 못하였던 고령화 사회(Aging Society)로 진입하게 된다. 고령화 사회란 유엔의 규정에 의해 65세 이상의 노인이 전체 인구의 7%를 넘는 사회를 말한다. 한국의 경우, 2000년에 65세 이상의 노인이 전체 인구의 7.2%가 되었다. 이런 추세라면 2019년 한국은 전체 인구의 14%가 65세 이상인 고령사회(Aged Society)가 될 것이며 2026년에는 65세 이상이 20%가 되는 초고령 사회(Post-Aged Society)가 될 것이라고 전망한다.

문제는 고령화 사회에서 고령사회로의 이행이 지나치게 빠르다는 것이다. 이미 고령사회로 진입한 프랑스의 경우 그 과정이 115년이 걸렸고, 미국은 71년, 캐나다가 65년, 스위스가 53년, 영국이 47년, 일본이 24년 그리고 한국은 19년이 걸린다.

고령화 사회가 되면 예상치 못한 문제들이 발생한다. 우선 노인 부양에 대한 국민 부담이 증가한다. 1970년에는 25세 이상 64세 미만의 노동 인력 12명이 노인 1명을 부양하였으나 2000년대는 노인 4.6명을 부양해야 하고 2010년에는 5.5명을 부양해야 한다.

노인 인구가 증가하게 되면 의료부담비가 증가하여 정부의 건강보험도 위기를 맞게 된다. 이를테면 전체 의료비 중에서 노인의료비의 비중이 1985년에는 4.7%였으나 1998년에는 15.4%로 증가하였다. 연금의 경우도 노령 연금 수령자가 증가하면서 재정 부담이 증가하게 된다. 2001년 60만 명이던 노령연금 수령자가 2005년에는 109만 명으로 증가하여 재정을 압박하게 된다.

후기 산업사회의 특이한 사회현상 중의 하나가 이혼율이 높은 것과 출산율이 저조하다. 오늘날 한국의 이혼율이 천 명당 3.5가 되는 것은 일본과 중국은 물론 유럽의 독일, 프랑스, 영국보다 높아 미국과 유사한 이혼율을 보인다. 최근 이혼의 특징은 결혼 후 3년 이내에 이혼하는 사람이 가장 많고, 두 번째로는 60세 이상의 황혼 이혼이 많다.

탈공업화 시대의 노령화 못지않게 중요한 사회문제로 부상하는 것이 복지사회의 요구이다. 생활의 질이 향상되면서 요구되는 소득의 증대, 생활 여건의 개선, 인구 구조의 변화 등에 의해 국민의 의식구조가 변화하고 다양화되어 오늘날 한국 사회에는 다양한 욕구가 분출되고 있다. 개인적인 영역에서 국민은 의료, 교육, 환경보존, 여가선용 등 복지 서비스에 대한 수요가 고급화하고 다변화하는 추세에 있다. 사회적인 영역에서는 정치에 지대한 관심을 갖고 나아가 회사의 경영 및 정책 결정에 근로자 또는 시민들의 참여 욕구가 증가하여 사회가 더욱 복잡해지고 있다.

후기 산업사회의 특징 중의 하나가 다민족 국가, 다문화 사회의 출현이라 하겠다. 1990년 이후 한국 사회에 보이기 시작한 현상이 외국인 노동자의 증가이다. 한국도 외국인 노동자가 이미 100만 명을 넘어 서는 다민족 국가가 되었으며 보다 직접적으로 한국 사회에 편입한 외국인, 이른바 결혼 이민자도 10만 명을 넘어서고 있다.

반세기의 짧은 기간 동안 한국은 농경사회에서 산업사회로 변모하였고 오늘날에는 산업사회에서 탈공업사회로의 변화를 도모하고 있다. 오늘날 한국 사회에서 볼 수 있는 제반 현상과 문제는 후기 산업사회의 문제이다. 이런 의미에서 한국은 이제 더 이상 후진국이 아니고 더 이상 약소국이 아니다.

다른 선진국과 한국의 차이가 있다면 한국은 지나치게 빠른 속도로 근대화하였기에 농경사회 시절의 가치관, 산업화 시절의 가치관 그리고 후기 산업사회에 새로 형성되어야 할 가치관 등이 혼재하여 더욱 복잡한 양상을 띠고 있는 것이다. 사회현상과 문제의식에 관한 한 우리는 모방할 사회가 없으며 우리 스스로의 힘으로 개척하고 해결하여야 하는 것이다. 이것은 마치 한국이 세계적 추세인 산업화를 특유의 방법으로 단시일 내에 이룩한 것과 같이 오늘날 사회문제도 특이하게 그러나 빠르게 대처해야 하는 것이다.

세계화 추세의 하나인 FTA의 경우도 그러하다. 한미 FTA의 경우 한국에게는 '제3의 개항'이라는 중대한 의미를 갖고 있다. 이것은 1876년에 있었던 개항을 '제1차 개방' 그리고 1960년대 근대화를 '제2차 개방'이라고 하는 대외 개방 선상에서 말하는 것이다. 우리 사회가 놓인 조건을 고려할 때 개방이 불가피하다면 그리고 세계화 추세에 능동적으로 대응해야 한다면 우리는 일본이나 중국보다 먼저 한미 FTA를 서둘러야 할 것이다.

최근 8월 15일 광복 61주년을 맞은 한국 사회를 진단한 연세대 사회학과 김호기 교수는 우리 사회가 직면한 최대의 과제는 통합의 빈곤과 비전의 상실이라고 말한다. 민주화 시대가 보다 성숙한 단계에 이르기 전에 세계화 시대가 밀려들어 오고 있다. 국제 금융자본의 영향력 확대, 고용 없는 성장의 가시화, 비정규직 확대, 사회 양극화의 심화 등은 1997년 IMF 경제위기 이후 세계화의 충격에서 비롯된 것이며, 이에 대한 적절한 대응 전략이 요구된다. 바로 이 점이 민주화를 넘어서 '사회 통합적 세계화'가 새로운 시대정신, 새로운 국가 비전이 되어야 한다. 오늘날 어떤 나라든 세계화의 충격을 피할 수 있는 국가는 없다. 그것이 불가피하다면 주체적이고 적극적으로 세계화를 모색해야 한다. 문제는 우리 앞에 놓인 신자유주의의 세계화와 반 세계화 모두 대안이 될 수 없다는 것이다. 신자유주의의 세계화를 택할 경우 사회적 양극화가 심화되며, 반 세계화를 선택할 경우 실현 가능한 대안을 마련하기 어렵다. 사회 통합적 세계화는 세계화를 능동적으로 활용하되 그것을 대내적인 사회통합과 적극 결합시키는 것을 뜻한다. 그 목표는 경쟁력 강화와 불평등 해소, 사회적 다원성과 국민적 합의, 평화공존과 국가이익 등 상호 모순적으로 보이는 의제들을 생산적으로 결합하는 데 있다. 이를 위해서는 무엇보다 사회 통합적 세계화의 방향과 속도, 충격 완화를 위한 정책 결정 및 추진에서의 광범위한 사회적 합의가 요구된다(김호기 글, 중앙일보 2006. 8. 15).

오늘날 미국에서 불기 시작한 금융위기는 전 세계로 확산되어 가고 한국도 이에 예외는 아니다. 따라서 한국은 IMF 이후 10년 만에 다시 금융위기를 시작으로 경제적인 시련을 맞이하고 있다. 중소기업이 도산하고 해외여행이 감소하며 무엇보다 원화가 절감하여 외국과의 경상수지가 악화되고 경제위기가 엄습하고 있다. 그러나 한국 정부가 이번에는 재빨리 외화 방위에 나서 미국, 일본, 중국 등으로부터 900만 달러의 통화 스와프를 체결하여 안전망을 구축하여 놓았다. 그리고 한국 정부는 불황을 견뎌낼 묘안을 갖고 있다고 한다. 우선 지난해보다 기름 값이 대폭 인하하여 작년 한때 배럴당 140달러이었던 것이 현재 36.45달러로 떨어진 것을 기회로 연간 소비량이 9억 배럴에 달하는데 10달러만 싸져도 90억 달러를 절약할 수 있다고 한다. 경상수지도 지난해 10월과 11월에 연속 흑자를 기록하였다. 엔화와 위안화의 강세는 오히려 우리의 수출에는 호기가 된다. 우리 기업들이 외환위기를 겪어내면서 몸집이 가벼워지고 경쟁력이 높아졌다고 한다. 현금을 많이 보유하고 있는 것도 강점이라 한다.

무엇보다 중요한 것은 앞으로 세계 추세가 브릭스(BRICs; 브라질, 러시아, 인도, 중국) 대신 ICK(인도, 중국, 한국)가 부상할 것으로 월스트리트 저널(WSJ) 인터넷판이 지난해 12월 31일 전망하였다. WSJ는 투자자들이 브릭스를 포함한 신흥시장 주식을 대량 매도함에 따라 이들 시장 주가가 급락하고 있다. 브릭스에서 브라질과 러시아를 제외하고 투자 유망지역으로 인도와 중국에 한국을 추가한 것이다. WSJ는 현재에 비해 향후 탄탄한 실적이 예상된다는 점을 근거로 삼았다. 스탠더드앤드푸어스(S&P)에 따르면 ICK 모두 주가수익비율(PER)이 10배 정도로 다른 지역에 비해 낮은 수준이다. 보통 PER(기업의 현재 주가가 적정한지를 판단하는 기준)이 낮으면 기업의 가치에 비해 주가가 저평가되어 있는 상태를 가리킨다. 그만큼 앞으로 주가가 오를 가능성이 크다는 뜻이다.

S&P가 또 ICK 기업들의 올해 수익증가율을 예상한 결과, 인도가 12%로 가장 높았으며 한국은 10.3%, 중국은 7.8%로 나타났다. 반면 전체 신흥시장 기업의 2009년의 0.2% 정도 하락할 것으로 내다봤다. WSJ는 이런 수치를 근거로 "2009년에 브릭스는 잊어라, ICK는 (다른 신흥시장과 달리) 차별화될 것"이라고 강조했다.

미 투자은행 모건 스탠리도 최근 "내년에 한국 기업들의 주당순이익이 지난해보다 10.5% 증가할 것"이라는 내용의 보고서를 내놓았다. 이는 아시아 지역 국가 중 가장 높은 수준이다. 경쟁 상대인 싱가포르(-9.6%), 홍콩(-10.7%), 대만(-38.1%) 등의 내년 주당순이익은 올해보다 줄어들 것으로 전망했다. 한편 미국 보스턴의 투자회사 GMO는 신흥시장 펀드를 운영하면서 한국에 대한 투자 비중을 가장 높게 책정했다고 WSJ는 전했다. GMO는 한국 기업들의 장래 실적에 비해 현재의 주가가 매력적이며 전망도 밝다고 평가했다(중앙일보 2009. 1. 2).

이와 같이 국제 금융 위기를 겪고 있는 한국을 전망하는 국제 금융 기관도 다른 나라에 비해 낙관적인 견해를 갖고 있다.

한국은 단시일 내에 산업화를 완성하여 경제 강국이 되었고, 특히 후기 산업사회에서는 최고 수준에서 세계를 주도하고 있다. 한국은 이제 더 이상 중진국이 아니며 후진국은 더욱 아니다. 한국은 식량의 70%를 수입하는 공업국이 되었다. 산업과 경제면에서 뿐만 아니라 사회현상에서도 산업사회를 이루어 건전한 중산층이 있고 성실한 노동계층이 있는 선진국이 되었다. 오늘날 한국 사회가 갖고 있는 사회문제도 선진국 사회의 문제이지 농업 국가 사회의 문제가 아니다. 이제 산업구조에서나 기술면에서 그리고 사회문제에서 한국이 따르고 모방할 나라가 없다. 오히려 한국을 본보기로 하여 따르려는 나라가 많다. 이제 한국인은 한국을 제대로 평가하고 정당한 자부심과 자긍심을 가져야 할 것이다.

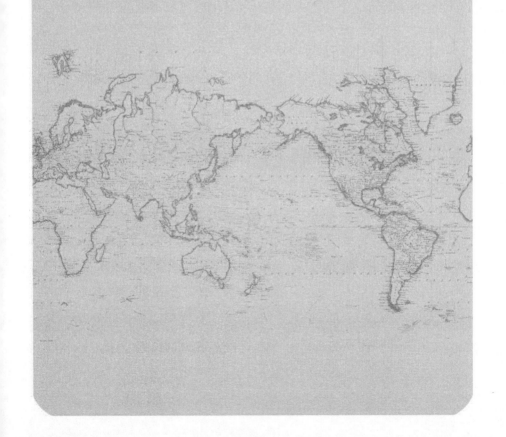

제 3 장

한국어

한국어

한국이 세계적으로 얼마나 중요한 위치에 있는 나라인가를 한국 내에서는 감지하기 어렵다. 그러나 외국에서 한국을 주목하는 것은 경제적인 면에서는 물론 경제 이외의 면에서도 이러한 분위기를 감지할 수 있다. 이러한 한국의 위상을 외국의 입장에서 그리고 동포를 통하여 보기로 한다.

앞에서 언급한 것과 같이 한국은 1960년대 산업화를 추진하면서 두 가지 기적을 낳았다. 하나는 사회 체질의 개선이고, 다른 하나는 재외교포의 존재이다. 재외동포의 존재는 한국인의 생활공간이 확대된 것으로 말하자면 한국의 위상을 높이는 역할을 한다고 볼 수 있다. 한국의 위상을 높이는 데 공헌한 것을 구체적으로 보여주는 부분이 한국어에 관한 것이다. 이것을 보기 위해 우선 재외동포의 현황을 살펴보기로 한다.

📿 재외동포 현황

현재 세계 170여 개국에는 800만 명의 해외동포가 살고 있다. 한국 외무부에서는 재외동포가 700만 명이라 한다고 발표했다. 그것에 100만 명을 더한 것은 국제 결혼한 여성과 입양인을 합한 수치이다. 외무부 집계에 의하면 미국에 약 230만 명, 중국에 약 210만 명, 일본에 약 100만 명, CIS에 약 55만 명 등을 포함하여 중남미에 약 10만 명, 동남아시아에 약 5만 명 등, 총 700만 명의 한인들이 해외에 거주하고 있다. 20만 명에 달하는 국제 결혼한 여자들과 20만 명에 달하는 입양인들, 그리고 그들의 자녀를 합한다면 재외동포의 수는 800만 명이나 된다.

재외동포는 이주의 역사와 거주지의 소수민족정책 내지 생활환경에 따라 차이가 있다. 이들을 대별하여 본다면 캐나다를 포함한 미국 지역, 멕시코 이남의 중남미 지역, 일본 지역, 중국 지역, CIS 지역, 동남아 지역, 유럽 지역 등 7개 지역으로 나눌 수 있다.

미국 지역의 최초 한인의 이주사는 1903년에서 1905년 하와이 사탕수수밭에 노동자로 이주한 약 8,000명에서 시작되나, 현재 재미동포의 주류는 1965년 미국의 새 이민법이 한국에 2만 명의 쿼터를 주면서 시작된다. 미국으로의 이민은 초청이민이다. 미국의 시민권자나 영주권자가 초청을 해야 수속이 가능하였다. 당시 이민을 초청한 사람들은 그 전에 이주한 국제 결혼한 여자이거나 유학 가서 정착한 사람들이었다. 미국으로의 이민은 한국에서 고등교육을 받았고 직장생활을 하던 사람들이 이주하였기 때문에 이를 '엘리트 이민'이라 한다. 그리고 가족들이 같이 이주하였기 때문에 '가족이민'이라고도 한다.

한국에서 고등교육을 받은 사람이라도 미국에 가서 노동부터 시작해야 했다. 최저생활에서 출발한 재미동포들은 자영업으로 나아가 그로서리 스토어(Grocery store)를 경영하거나 야채장사, 미용재료상, 세탁소는 물론 더 나아가 모텔을 운영하거나 주유소에서 일하였다. 한 직종에 만족하지 못하고 직종을 여러 번 옮기는 것이 재미동포 사회의 특징이다. 그러면서 한인들은 재미한인의 민족 산업(Ethnic Business)을 발전시켜 갔는데 그로서리, 세탁소 그리고 뷰티 서플라이라는 미용재료상을 장악하게 된다.

남미로의 이주도 1905년 1,033명을 실은 배 한 척이 멕시코에 도착한 것을 끝으로 중단되었다가, 1960년대 중반 남미로의 농업이민이 시작되어 6회 내지 7회의 이민선을 통해 남미로의 이주는 농업이민이라 하지만 농민은 없었고 모두 도시민으로 농사를 짓지 않고 브라질이나 아르헨티나에 도착해서는 도시로 진출하여 가져 간 옷을 팔기 시작해 이민 생활을 하게 된다. 처음 가져간 옷을 다 판 다음에는 도매상에서 받아다 팔고, 후에는 만들어 팔고 결국 의류상 특히 여성 의류상을 독점하기에 이르렀다. 브라질의 경우, 현재 유태인 의류상가인 봉혜지로와 아랍인들의 거리인 부라스를 완전히 점령하였다.

일본에 거주하는 동포들은 1945년 해방되었을 때 200만에 달하였으며, 그 중 3분의 2가 귀국하고 남은 3분의 1인 약 60만 명이 재일동포 사회를 형성한다. 재일동포는 한국을 지지하는 민단과 북한을 지지하는 조총련으로 양분되어 있으며, 초기에는 조총련이 우세하다가 현재는 민단계가 우세하다. 조총련이 우세하였다는 것은 수적인 우세와 특히 교육에서의 우세를 말한다. 최근 북한 사정이 어려워 조총련계 학교를 후원하지 못하게 되어 어려움에 처하여 있으나 이전에는 민단계 학교는 4개교인데 비하여 조총련계 학교는 소학교에서 대학까지 합하여 124개교가 있었다. 그리고 재일동포 취학연령 학생의 80%는 일본학교에 다니고 조총련계 학교는 16% 그리고 한국계 학교는 4%에 불과하였다.

재일교포 사회의 문제는 일본인의 철저한 편견과 차별에 있다. 일본인의 차별과 편견이 워낙 심하여 재일동포는 사회생활에서 가능하면 한국인이라는 것을 숨겨 왔다. 이러한 일본 사회에서 재일동포 사회가 크게 진화한 계기가 1970년에 발생한 박종석 군의 히다찌(日立) 사건이다. 히다찌 회사 입사시험에 합격한 박종석 군이 한국계라는 이유로 입사를 거절당한다. 그는 일본사회가 그런 것과 같이 히다찌 회사도 한국계를 차별하는 것이라 단념하였으나, 그의 일본인 동창생들이 이 사실을 알고 박종석을 지키는 모임을 조직하여 히다찌 회사를 상대로 재판을 걸고 그를 옹호하기 시작하였다. 이어 박종석을 지키는 모임이 전국적으로 확산되고 양심 있는 일본인들이 그를 옹호하였으며 한국에서 히다찌 제품 불매운동이 일어나고 이 운동이 미국으로 확산되어 갔다. 이에 일본은 3년 만에 굴복하고 재판관은 박종석을 입사하도록 판결하였다. 이것이 계기가 되어 그 후 재일동포 사회에서 권익운동이 전개되고 민단이 적극 후원을 하여 공공주택입주권, 아동수당, 노인수당 등을 받게 된다. 그러나 재일동포가 그렇게도 주장하는 지방 참정권은 아직 부여하고 있지 않다.

　중국에 거주하는 동포를 중국 조선족이라 한다. 중국 동포들은 중국 55개 소수민족의 하나로 조선족이라는 공식명칭이 있기 때문이다. 중국 조선족은 연변조선족자치주, 장백조선족자치현 그리고 30여 개의 조선족자치향을 갖고 있다. 자치주나 향이라 하면 그곳에는 조선어로 수업하는 민족학교가 있고 그 지역의 공용어가 조선어이며 민족 문화관, 민족 백화점, 민족 서점 등을 갖추고 있다. 이외에도 중국의 소수민족은 자녀의 수나 진학에서 특혜를 받고 있으며 조선족은 부지런하고 쌀농사를 짓기 때문에 중국 55개 소수민족 중에서도 한족보다 교육수준이 높고 경제적으로 부유하며 모범적인 소수민족으로 알려져 있다.

　중국 조선족도 중국인들과 같이 해방전쟁에 참가하여 많은 공헌을 한다. 해방전쟁이란 1945년 제2차 세계대전이 끝난 후 장개석과 모택동이 싸운 것을 말하며, 1949년 모택동이 북경에 입성함으로써 끝난다. 조선족은 소수민족이기 때문에 중국인보다 더 많은 희생을 감수한다. 그 후 반우파투쟁, 대약진운동 그리고 문화대혁명으로 이어지는 혹독한 사회변동의 시기에도 조선족들은 잘 견뎌나간다. 특히 문화대혁명시기에는 연변조선족자치주를 처음부터 정성을 들여 이룩한 주덕해 주장이 대중화주의에 반대하는 민족주의자로 몰려 옥고를 치르는 등 심한 역경을 견뎌내고 문화대혁명을 끝낸다. 그리고 이어 등소평의 개혁 개방 정책으로 인하여 조선족 사회도 농경사회에서 도시 공업사회로 변하게 되고, 특히 한국과의 국교정상화로 많은 중국 조선족이 한국에 와서 돈을 벌어가 중국 산업화에 앞장을 선다. 현재 한국에서 노력하는 중국 조선족이 40만 명에 이르고 중국 대도시에 분산된 조선족이 수십만 명에 이르며 해외 한인들이 있는 곳에 중국 조선족이 없는 곳이 없으리만큼 많은 조선족이 해외로 진출하고 있다.

고생하는 것으로 말하면 중국 조선족 못지않게 CIS(독립국가연합)에 거주하는 동포들이다. 이들은 자신을 고려인이라 하며 현재 우즈베키스탄에 약 20만 명, 카자흐스탄에 약 10만 명 그리고 러시아에 약 25만 명 등 모두 55만 명이 거주하고 있다.

러시아를 포함한 CIS 지역에 거주하는 고려인은 현재 이주와 정착의 과정에 있다. 연해주에 거주하던 한인들이 1937년 스탈린에 의해 중앙아시아로 강제 이주를 당하고 이른바 적성민족이라 하여 언어도 소수민족 언어에서 삭제되었다. 이동의 자유도 없으며 군대도 가지 못하는 민족으로 탄압을 받으면서 중앙아시아에서 농장에 배치되어 살아 왔다. 그러나 이러한 악조건 속에서도 많은 노동영웅이 생겨났는데 그 중 김병화나 황만금과 같은 이들이 대표적이다. 그러나 소련이 붕괴되고 개방되면서 중앙아시아의 여러 나라가 독립국가가 되어 그곳에 사는 고려인들이 언어와 차별 대우를 받아 거주에 불편을 느끼고 러시아어를 사용하는 지역으로 이주하여 가고 있다. 새로이 이주하는 지역이 동으로는 연해주, 서로는 볼가그라드이다. 그러나 그 어디서나 직장이 있는 것이 아니고 새로이 출발하여야 하기 때문에 정착과정에 어려움을 겪고 있다.

유럽의 여러 나라는 미국과 달리 이민을 허락하는 나라가 아니다. 이곳에 약 10만 명의 동포가 살게 된 것은 주로 서독의 광산 근로자와 간호사 등 계약노동자로 송출되었다가 3년의 계약 기간이 넘은 후 그곳에 정착한 사람들과 그의 후손으로 이루어진 것으로 초청이민이 불가능하다. 최근에는 주재 상사원으로 갔다가 수년이 지난 후 자녀의 교육문제로 귀국하지 못하고 현지에 정착하는 소수의 사람으로 동포사회가 유지된다. 유럽의 여러 나라들은 국가 사회주의정책을 실시하는 나라가 대부분이라 큰 부자가 나올 수 없고 그 대신 사회보장제도가 발달하여 무난하게 평생을 지낼 수 있다. 유럽에 특기할 것이 있다면 국제 결혼한 사람도 있으나 입양인이 많은 것이다. 교포 수는 10만 명이지만 입양인 수가 6만 명이 넘는다.

동남아시아에 분산된 교포는 대부분 1975년 베트남 전쟁이 끝나고 베트남에서 철수하여 동남아시아로 분산된 사람들에 의하여 이룩된다. 이들은 동남아시아의 여러 나라로 분산되고 얼마 후 한국에서 여행자유화가 이루어지자 한인 여행객을 상대로 한 여행사, 기념품 상점, 식당 그리고 숙박업 등에 종사하게 된다. 이들을 '비즈니스 이민'이라 한다.

🌀 동포의 공로

해외에 거주하는 800만 동포는 각기 주어진 환경과 조건에서 열심히 살기 때문에 모든 나라에서 모범적인 중간자 소수민족(Model Middleman Minority)이라 하고 심지어 열심히 한다. 교육열이 높다는 의미에서 '아시아의 유태인'이라는 별명을 듣기도 한다. 그들이 생활하는 그 자체가 한국을 선전하는 개인 외교관이요, 그들이 사용하는 물건을 통하여 한국 제품이 소개되기에 한국 제품의 외판원이고, 그들이 이웃에게 전하는 행동을 통하여 한국 문화를 접하기 때문에 한국 문화의 선전원인 것이다.

해외교포는 거주국에서 열심히 사는 것이 그 나라에 보탬이 되는 것이기도 하다. 교포가 그 나라에 공헌한 구체적인 예의 하나가 미국의 뷰티서플라이라는 흑인용 미용재료상이다. 흔히 말하는 가발상을 말하는 것이지만 뷰티서플라이에는 가발만 있는 것이 아니라 머리에 필요한 머리기름, 샴푸 등 수십 가지이고 머리 장식 또한 수십 가지이다. 미국에는 피부를 관리하는 백인 미용이 있고 머리를 주로 하는 흑인 미용이 있으며 한인들은 주로 흑인 머리를 상대로 하고 있다. 흑인용 머리 미용의 80% 이상을 한인들이 점하여 미국의 뷰티서플라이는 한인들이 만든 것이라 하여도 과언이 아니다. 그것은 한인들이 미국으로 이주하기 시작하는 1960년대 중반 이후 유태상인으로부터 가게를 물려받아 흑인이 필요로 하는 머리기름이나 샴푸를 박리다매하였으며, 때마침 흑인들에게서 '흑색은 아름다워(Black is beauty)'라는 구호를 외치면서 흑인 인권운동이 절정을 이루고 있을 때 한국에서 가발이 수입되었다. 당시 한인들은 가발장사로 떼돈을 벌었고 흑인의 미용업계를 완전히 장악하였다. 따라서 미국의 흑인 미용인 뷰티서플라이는 한국인의 손으로 만든 업종이라 할 수 있다.

재미동포는 한국을 위하여 지대한 공을 세웠다. 그것은 미국의 대학 입시 순응고사인 SAT II에 한국어가 추가된 것이다. 미국의 고등학교를 졸업하고 대학을 진학하는 학생은 SAT(Scholastic Aptitude Test)를 치른다. SAT에는 SAT I과 SAT II가 있다. SAT I은 SAT Reasoning Test를 말하고 영어와 수학 두 과목만을 치는 것이고, SAT II란 SAT Subject Test를 말하며 이에는 영어, 수학, 역사와 사회학, 과학 그리고 제2외국어 등 다섯 과목이 있다. 미국의 명문대학을 위시하여 150여 개의 대학에서 학생 선발 시 SAT II의 성적을 요구하고 있다. SAT II에 포함된 외국어가 불어, 독어, 히브리어, 이태리어, 라틴어, 스페인어, 일본어, 중국어로 한정되었다가 1996년 아홉 번째로 한국어가 선택된 것이다. 일본어는 세계 제2의 경제대국 언어이기 때문에 미국 학생이 배워야 하고, 중국어는 유엔 공용어이기에 배우는 것이 당연하다. 그러나 한국어는 유엔 공용어도 아니고 세계 제2의 경제대국의 언어도 아니며, 대문호가 있는 나라의 언어도, 과학에 꼭 필요한 언어도 아니다. 만일 미국에 230만의 한인 동포가 없었다면 그것은 불가능하였을 것이다. 말하자면 한국인 230만이 거주하기에 미국은 SAT II에 한국어를 추가한 것이다.

한국어가 SAT II에 채택되었다는 것은 한국어가 국제 언어로 인정받았다는 것으로 미국에 거주하는 동포들의 자긍심을 드높이는 것이었고, 미국에서의 한국학 진흥에 큰 도움이 되었으며, 미국 사회에 한국의 언어와 문화를 알리는 계기가 되었다. 한마디로 말하자면 한국어가 미국 SAT II에 채택된 것은 한국어를 사용하는 한국인이 이 지구상에 삶을 영위하기 시작한 이래 세종대왕의 한글창제에 버금가는 공적이라 하겠다.

그 후 미국 연방정부는 기회가 있을 때마다 한국어를 중국어나 일본어와 같은 수준에서 강조하고 있다. 2000년에 실시하기 시작한 Flagship

Scholarship에 포함된 9개 국어에 한국어가 편입되어 있으며, 2004년에 발표한 부시 Grant 2004가 추천한 6개 국어에 한국어가 추가되어 있고, 2006년 실시하기 시작한 Critical Language Initiative 10개 국어에 역시 한국어가 추가되어 있다. 이것은 미국에 거주하는 한국인들에게 한국어를 배우라는 것이 아니라 미국인 학생들에게 한국어를 배우라는 것이다. 이것은 한국의 위상이 높아져 한국어가 필요하다는 것이며 먼 장래 동북아시아가 문화의 중심이 될 때 중국어나 일본어 못지않게 한국어도 중요할 것이라는 생각에서 한국어를 강조하고 있는 것이라 생각된다.

미국은 현재 세계를 주도하는 나라임에 틀림없다. 이러한 나라에서 한국어를 강조한다는 것은 한국의 위상을 높이는 데 공헌할 뿐만 아니라 세계 다른 나라에서 한국을 인식하는 데도 중요한 역할을 한다. 미국에서 SAT II에 한국어가 추가되자 일본과 호주가 바로 뒤를 이어 순응고사에 한국어를 추가하였고 영국에서도 한국어를 순응고사에 추가하였다. 조만간 다른 나라에서도 한국어 시험을 중시할 것이라고 본다. 유럽 이외의 지역에서도 한국어 공부를 장려하고 한국어 시험을 치르고 있다.

 ## 미국에서의 한국어 교육

SAT II와 부시 Grant 2004로 인하여 세계어로 인정받는 한국어의 미국 내 교육 현황은 다음과 같다. 국제교류재단에서 파악한 바로는 현재 미국 91개 대학에서 한국어와 한국학 전공 과정을 갖고 있다. 이들 91개 대학에는 하와이대학, UCLA, 하버드대학 등과 같이 아시아 학에 조예가 깊고 한국학 연구가 오래된 학교에서부터 최근 2~3년 전에 한국어 강좌를 시작한 학교까지 포함되어 있다.

참고삼아 말하면 세계 55개국 632개 대학에 한국문화, 한국어 강좌가 있고, 한국학과를 가진 대학이 10개 이상이 되는 나라를 보면 베트남에 10개교, 몽골에 12개교, 일본에 18개교, 러시아에 22개교, 중국에 41개교 그리고 미국에 91개교가 있다.

미국의 91개 대학 중 강사 1명을 두고 한국어 강좌를 개설한 대학이 35개교이고, 3명 이하의 강사진을 둔 학교가 59개교로 전체 대학의 64% 가 된다. 교수 6명 이상을 가진 대학이 14개교 대학 내에 한국학 연구소를 가진 대학은 14개다. 교수 6명 이상의 학교가 모두 한국학연구소를 가진 것은 아니다. 한국학연구소가 있는 학교는 하와이대학(교수 17명), 캘리포니아 국제대학(16명), UCLA(13명), 조지워싱턴대학(12명), 남가주대학(10명), 콜롬비아대학(9명), 럿커스대학(8명), 버클리대학(7명), 위스콘신대학(7명), 펜실베니아대학(7명), 어바나샴페인일리노이대학(6명), 어바인캘리포니아대학(6명), 조지타운대학(6명), 국방성외국어대학(6명), 하버드대학(5명), 미시간대학(5명), 워싱턴대학(5명), 스텐포드대학(4명), 존홉킨스대학(4명), 스토니불크뉴욕주립대학(4명), 듀크대학(2명), 노드파크대학(1명) 등이다.

앞에서 본 것과 같이 교수의 수가 한국학 연구소를 두는 기준이 되는 것은 아니다. 그러나 한국학 연구소가 있는 곳에서는 최소한 연구소로서 갖추어야 하는 강연회, 전시회 등을 포함한 한국에 관한 특별 프로그램이 있다.

한때 미국의 대학에서는 강사를 채용하여 한국어 강좌를 시작하는 것이 유행이었던 때가 있었다. 최근에는 약간 주춤하여 한국어 강좌가 크게 증가하지 않고 있다. 앞으로 수강인원이나 강사의 질을 보아 한국어 강좌를 증설하거나 한국학과를 증설할 확률이 높다. 그러나 이곳에서도 중국어 학과나 일본어 학과와 경쟁을 하여야 한다. 학교는 어느 것을 증설하는 것이 장차 유리하겠는가를 연구하고 유리한 방향으로 학과를 증설할 것이다.

🏵 중 · 고등학교

미국 중 · 고등학교의 경우 전국 65개교에서 한국어 강좌가 실시되고 있다. 강좌 실시 학교는 LA에 49개교, 뉴욕에 11개교, 시카고에 3개교 그리고 시애틀에 2개교이다. 뉴욕에서 파악한 바로는 미국 중 · 고등학교의 한국어 프로그램의 종류는 4가지다. 첫째가 전통 교육(Heritage program)이다. 이것은 1.5세, 2세 등 한국어를 못하는 한국계 학생에게 한국어를 가르치는 것이다. 둘째는 원어 교육(Native Language Arts, NLA)이라 하여 중 · 고등학교 시절에 미국으로 이민 와서 영어보다 한국어를 잘하는 학생이 자기의 모국어를 잊지 말고 유지하기 위하여 한국어를 수강하는 것이다. 셋째는 이중언어교육(Dual Language program)이라 하여 한국어와 영어를 동시에 수업하는 것이다. 넷째는 외국어 교육(Foreign Language program)이라 하여 외국인을 위한 한국어 강좌가 있다. 이들 프로그램의 대부분은 최근에 시작한 것으로 특히 부시 Grant 2004 이후에 활발해진 것들이다.

뉴욕의 경우 전통 교육을 하는 학교가 2개교이고 원어 교육을 하는 학교가 3개교, 원어 교육과 외국어 교육을 실시하는 학교가 1개교, 이 중언어 교육을 실시하는 학교가 1개교 그리고 외국어로서 한국어를 수업하는 학교가 3개교였다.

고등학교의 예로 뉴욕의 스타이브센트(Stuyvesant) 고등학교를 보기로 한다. 이곳의 문제는 한국계 학생이 많으면서 한국어를 전통교육 반에서 배우는 학생이 많지 않은 것이다. 이를테면 이 고등학교에 한국계 학생이 210명인데, 한국어 수업을 듣는 학생이 58명에 불과하다. 물론 이 고등학교에 다니는 한국 학생이 전부 한국어 반에 들어올 조건에 있는 것은 아닐 것이다. 그러나 한국어 반에 보다 많은 한국계 학생이 참여하여 수업을 들을 수 있다고 생각된다. 그러나 한국계 학생들은 한국어를 배우는 데 적극적이지 않으며, 그 원인은 부모 때문이라고 생각된다. 부모가 한국어를 학교에서 수강하는 것에 반대하는 사람이 많은 것이다.

한국어가 중·고등학교에 보급되는 방법은 일본처럼 위에서 내려오는 것과 중국처럼 아래에서 올라가는 방법이 있을 수 있으며 현재로서는 중국식의 방법을 모방하는 것이 좋은 방법이라 생각된다. 중·고등학교에 한국어 강좌가 보다 많이 보급되려면 우선 학부모의 의식 전환이 필요하고, 학부모와 한국 동포 사회가 합심하여 보다 적극적인 운동을 전개하여야 할 것이다.

미국 중·고등학교에서 한국어가 널리 보급되기를 바라는 것은 중국어나 일본어와 경쟁하기 때문이다. 미국에는 사립과 공립을 포함하여 모두 3,800여 개의 중·고등학교가 있다. 이들 중 한국어를 학습하는 학교는 65개에 불과하지만 중국어를 학습하는 학교가 700여 개, 그리고 일본어를 학습하는 학교가 500여 개나 된다. 그리고 부시 Grant 2004에 의하여 중·고등학교에 외국어를 보급하는 데 중국과 일본은 적극적이다. 이러한 상황은 '문화전쟁'이라 볼 수 있는데 미국의 중·고등학교에서 중국, 일본, 한국이 자기 언어의 보급을 위한 치열한 경쟁을 하고 있고 세 나라 중 한국이 가장 소극적인 모습을 보이고 있다.

🏵 한국학교

가장 오래되고 확고한 기반을 가진 곳이 주말에 실시되는 한국학교였다. 한국 교육원이 파악하고 있는 미국 내 주말 한국학교의 수는 1,001개 교이고, 교원 수가 8,759명 그리고 학생 수가 5만 5,184명이라 한다. 한국학교는 80% 이상이 기독교 교회에 설치된 학교이고 나머지는 천주교, 불교 그리고 한인회 등에서 설립하여 운영하는 학교였다. 한국학교는 주말인 토요일에 교회 건물이나 학교 시설을 빌려 하루 4시간 한국어를 가르친다.

미국에서 한국학교가 시작된 것은 이미 30년 전이다. 미국의 한국학교를 규합하는 협의회는 크게 두 개로 나뉘어져 있다. 하나는 LA를 중심으로 한 한국학교 연합회이고, 또 하나는 이것을 제외한 전국 규모의 한국학교 협의회가 있다. 이 책에서는 재미 한국학교협의회(The National Association for Koreans Schools, NAKS)를 중심으로 살펴보기로 한다.

재미 한국학교협의회는 1981년 동부지역 한인학교 대표자 41명이 알링톤에 모여 협의회를 결성하고 6개의 사업별 위원회를 두기로 하였다. 6개의 위원회는 회원자격 및 회칙 위원회, 기획 및 홍보위원회, 하계학교 운영위원회, 교육과정 교육자료 개발위원회, 교육자 연수위원회 그리고 재정위원회이다. 전국연합회는 조직을 보다 효과적으로 운영하기 위하여 13개의 지역협의회를 두었다.

한국학교협의회는 매년 개최하는 총회와 학술대회 이외에 전국적인 규모로 행할 수 있는 사업을 진행하고 있다. 이것은 전국 학생들을 대상으로 하는 '나의 꿈 말하기 대회'와 SAT II 모의시험이다. 이것들은 지역협의회의 예선을 거친 학생들의 전국 규모 대회로서 총회 시 실시하고 당선자를 시상하는 것이다.

13개 지역협의회는 뉴욕, 뉴저지, 코넥티컷트 등 3개 주를 포함하는 동북부 지역협의회에 속해 있다. 이곳 지역협의회는 180개의 한국학교를 관할하고 있었다. 한국학교는 흔히 학생이 100명 이상인 학교를 대형학교, 학생이 100명에서 50명 사이를 중형학교 그리고 학생 50명 이하는 소형학교로 구분한다.

지역협의회는 연 1회 정기총회와 1회의 수련회를 행하며, 지역협의회 자체에서 주관하는 행사와 대형학교가 지역협의회 차원의 행사를 추진하는 것을 후원한다. 지역협의회가 주관하는 행사로는 어린이 예술제, 나의 꿈 말하기 대회 그리고 SAT II 모의고사가 있다.

지역협의회가 후원하는 행사로는 뉴저지 한국학교가 주관하는 동북부 글짓기 대회, 무궁화 한국학교가 주관하는 동요 부르기 대회, 원광 한국학교가 주관하는 원광 어린이 민속 큰 잔치 등이 있다.

동북부 지역협의회에 소속된 180여 개의 한국학교는 지역에 따라 학교의 역사 그리고 조건 등에 따라 모두 다른 특징을 갖고 있다.

그 중에서 대표적이라고 할 수 있는 학교로 뉴저지 한국학교를 꼽을 수 있다. 뉴저지 한국학교는 1983년에 설립되어 뉴저지의 선셋트 레인에 위치한 테나플라이 중학교 교실을 임대하여 사용했다. 뉴저지 한국학교는 대표적인 비 종교 한국학교로 교사회, 이사회, 학부모회가 잘 조화를 이루고 모범적으로 운영되었다. 이사회는 뉴저지 유지 30명으로 구성되어 있고 현재 이사장인 무역업에 종사하는 전광식 씨가 경제적인 지원을 통해 정신적인 지주가 되어 주고 있다. 전광식 씨는 바쁜 와중에도 학교가 열리는 날마다 학교에 와서 학교 사업을 지도하고 있다. 교사회는 교장 전현자 선생을 중심으로 30명의 교사가 운영하고 있으며, 교사 자격증을 가진 사람이 3분의 2다. 학교 졸업생으로 한국어를 잘하는 사람이 자원봉사를 하면서 그 수가 48명이나 되었다.

현재 학생은 300명이다. 학교가 가장 번창하였을 때 학생 수가 470명까지 달하였으나 근처에 한국학교가 생기면서 학생 수가 감소되어 현재에 이르렀다. 학급은 유치반 3개 반이 70명을 수용하고, 기초반 3개 반이 1학년과 2학년을, 초급반 3개 반이 3학년과 4학년을 포함하며, 중급반 4개 반이 4학년 5학년을 포함하고, 고급반 3개 반은 6학년에서 8학년까지를 포함한다. 초급반의 학생은 90명이며 학년이 높을수록 학생 수가 적다.

뉴저지 한국학교는 정규과목에 치중하되 학년마다 특별 과목을 의무적으로 배우게 하였다. 1학년은 태권도, 2학년은 무용, 3학년은 동요, 4학년은 동양화와 붓글씨, 5학년은 문화(의식주), 6학년은 풍물, 7학년은 예술(도자기 등), 8학년은 역사를 배우게 하고 있다.

뉴저지 한국학교는 과외활동에 치중하여 정규수업 이외에 백일장 글짓기 대회를 위시하여 동화 구연 대회, 풍물반이 참가하는 어린이 예술제, 동요 부르기 대회, 능력고사, SAT II 능력고사에 참가하기를 적극 권장하고 있다.

또한 대외 파견만이 아니라 동북부 지역 행사인 한국어 글짓기 대회를 자체 내에서 개최하여 한글날이 있는 10월, 한글날에 가까운 토요일을 택하여 개최하는 글짓기 대회는 이미 8회를 맞이하였다. 동북부 지역협의회 소속 한국학교 180개 학교의 대표들이 참가한 이 대회는 200명 내지 300명이 참가하는 큰 대회로 참가자들에게 주제를 주어 글을 짓게 한다. 수상자에게는 장원, 중급반 금상, 은상, 동상을, 고급반에는 금상, 은상, 동상, 장려상을 수여하며, 그 밖에도 참가자 전원에게 주는 참가상이 있다.

뉴저지 한국학교에서도 교사연수에 중점을 두어 월례회에 교사가 공개 수업을 하게 한다. 외부인사를 초청하여 강연을 듣기도 하고 동북부지역 협의회나 전국 규모의 연수회에도 교사들이 적극 참가하도록 학교가 재정적인 후원을 하고 있다. 교사들의 업무 중 중요한 것이 교재개발이다. 한국의 국제교육진흥원에서 발행한 교재를 중심으로 이것을 현지 사정에 맞게 교사들이 재편성하여 수업에 임하고 있다.

뉴저지 한국학교는 학부모회가 활발하다. 학부모회는 1년에 2회 바자회를 열어 이익금 전액을 학교에 회사한다. 다른 곳에서도 그러하지만 이미 1.5세, 2세의 학부모가 된 사람이 있다. 학교에서는 이러한 학부모들을 위하여 한국 문화 강좌를 실시하고 있다.

미국에서의 한국어 위상

미국 내학에서의 한국어 교육, 중·고등학교의 한국어 교육 그리고 초등학교에 해당하는 한국학교의 한국어 교육을 보았다. 한국학교에서 일주일에 4시간 공부하는 것만으로는 부족하지만 한국학교 선생이 열심히 가르쳐 그 나름대로 열심히 공부하면 한국어로 회화도 할 수 있고 문장도 만들 수 있다. 초등학교 수준의 한국학교는 중국이나 일본과 경쟁할 필요가 없다.

문제는 중·고등학교 과정이다. 한국학교는 어머니의 성화로 초등학교 시절에는 다니지만 중학교에 진학하면 한국학교를 다니지 않는다. 그 이유는 배울 것이 별로 없다는 것과 중학교에 진학하면 학교에서 하는 행사가 많아 한국학교를 다닐 수 없다는 것이다. 그리고 고등학교 3학년이 되면 대학 진학을 위하여 SAT II를 부랴부랴 공부한다. 그리고 대학에 입학하면 모두 잊어버린다. 말하자면 한국학교, 중·고등학교, 대학까지의 연결이 잘 되지 않는 것이다. 우선 시급한 과제가 이 3단계 한국어 교육을 유기적으로 연결하는 것이고, 무엇보다 중·고등학교에 한국어 반을 확대하는 것이다. 이것은 한국학교와는 달리 중국어, 일본어와 경쟁하여야 하기 때문에 더욱 시급한 것이다. 미국은 현재 중국 선호 열풍이 불어 모든 중·고등학교에서 중국어 강좌의 개설을 요구하고 나머지 학교는 일본어를 선호한다. 그러나 한국어 강좌의 개설을 서두르는 곳은 없다. 미국 중·고등학교에 한국어 강좌를 개설하는 것은 한국인이 어느 정도 성의와 열의를 갖고 서두르느냐에 달려 있다.

한국, 중국, 일본이 미국에서 한판 경쟁을 벌여야 할 때 중국인은 우리보다 교민 수가 많고, 일본은 우리보다 역사가 길다는 점에서 우리보다 유리한 조건을 갖고 있으나 이들은 하와이와 서부 해안지대에 몰려 있다. 이에 비하면 우리 한국 교포는 전국에 분포되어 있다. 특히 국제 결혼한 여성과 그의 가족, 그리고 한국 고아를 입양한 부모와 한국전쟁에 참가하였던 참전용사들을 한국계라 한다면 우리는 중국이나 일본보다 훨씬 유리한 조건을 가진 것이 된다.

특히 부시 Grant 2004를 시행하는 학교가 6개 외국어 중 하나의 외국어를 선택하면 다른 외국어를 더 추가하기가 어렵다. 말하자면 중·고등학교에서 다른 외국어에 선점을 당하기 전에 한국어 수업을 개설하고 보급하여야 하는 시한부 전쟁을 해야 하는 것이다. 아마 이 시한부 문화전쟁은 앞으로 10년이 고비가 될 것이다.

현재 중국은 공자연구소를 앞세워 정부가 나서서 적극적인 중국어 보급운동을 전개하고 막대한 예산을 투입하고 있다. 일본 역시 그 동안 일본 문화를 보급하는 사업을 진행하던 Japan Foundation의 예산을 두 배로 늘리고, 사업을 전문화하여 교육 담당 부서와 문화 선전 담당 부서로 나누어 적극적인 교육보급 활동을 전개하고 있다. 다행히 한국은 LA에 본부를 둔 한국어 진흥재단(Foundation for Korean Language and Culture in USA)이 있다. 예산이나 인력으로 보아 중국이나 일본에 비교할 바 아니지만 나름대로 열심히 한국어 진흥에 진력하고 있다.

한국어 진흥재단은 주로 미국 중·고등학교에 한국어 강좌를 확대하는 사업과 SAT II에 응시하는 학생 수를 확보하는 작업을 진행하고 있다. SAT II 외국어에 응시하는 학생이 2,000명 미만이면 그 언어가 응시대상에서 제외된다. 일본어와 중국어는 미국 학생은 2,000명 이상이 응시하나 한국어는 그렇지 못하여 한국 학생이 그 수를 채워주어야 한다. 다행히 그간 한국어에 응시하는 한국 학생 수가 매년 증가하여 SAT II 한국어 응시과목을 유지하고 있다.

한국어진흥재단은 SAT II와 관련한 직접적인 사업으로 LA를 중심으로 한 4개 지역, 오렌지카운티, 샌퍼나도 벨리, LA 동부, LA 등 4곳에 'SAT II 한국어 시험준비반'을 개설하여 여름방학에 8주간 집중적으로 시험 준비 할 수 있도록 하고 있다.

한국어 보급에 시급한 것의 하나가 교재 개발이었다. 재단은 우선 1996년 『Living Korean for the SAT II』란 교재를 발간하였고, 2003년에는 『SAT II 한국어 시험 준비서』를 발간하였다. 이어 재단은 참고서로 2005년에 『SAT II 한국어 시험 문제집』을 발간하였고, 한국어 교재로 『Korean Level I』과 참고서로 『Workbook』을 발행하였다.

한국어 진흥재단이 주력한 것의 하나가 미국·고등학교에 한국어 반을 신설하는 것이다. 이것을 위하여 미국 중·고등학교 교장이나 장학사를 한국에 초청하여 한국을 이해하게 하고 그들이 재직하고 있는 학교에 한국어 강좌를 개설하게 하는 것이다. 또 한국 교사를 한국에 보내 한국어와 교사 수업을 듣게 하는 프로그램도 진행하고 있다.

한국어진흥재단은 중·고등학교 교사로서 한국어를 가르칠 선생을 양성하기 위하여 캘리포니아주립대학 사범대학원 내에 한국어 교사 양성

프로그램을 신설하는 운동을 전개하고 있다. 한편 한국어 교사 자격증을 얻기 위한 한국어 교사 자격시험과 기본 교사 자격시험을 준비하는 학생에게 도움을 줄 방법을 모색 중이다.

한국어진흥재단이 추진하는 사업의 하나가 학생들에게 장학금을 주는 것이다. 미국의 중·고등학교에서 한국어를 공부하는 학생을 대상으로 수여하는 상에는 세종대왕상과 훈민정음상, 그리고 특별상이 있다. 2007년 세종대왕상 31명이 200달러를 받고, 훈민정음상 46명이 100달러를 받았으며, 교육지도자상 6명에게는 500달러가 수여되었다. 가장 우수한 학생으로 선발된 29명은 여름방학 동안 3주간 한국을 방문하여 한국 문화를 체험하게 한다.

한국어진흥재단 이외에 한국학 진흥에 도움을 주는 기관으로 뉴욕에 있는 Korea Society가 있다. 이곳에서는 시사에 관한 토론회, 문화에 관한 강좌, 영화 시사회 등 일반인을 위한 프로그램 이외에 교육에 관한 것만도 언어 교육, 교사용 특강, 한국 방문 프로그램 그리고 학생에 관한 프로그램 등이 있다.

미국에는 Korea Society 이외에 개별적으로 한국학 보급운동을 진행하는 곳이 두 곳이 있다. 하나는 뉴헤이븐의 동암문화연구소(전혜성 소장)이고 하나는 LA에 있는 메리 코너(Mary Connor) 선생이 진행하는 한국학센터이다. 두 곳은 유사하게 여름방학을 이용하여 미국 중·고등학교 교사 40여 명을 초청하여 2박 3일간 한국문화를 수업한다. 수업을 듣고 돌아간 교사들은 수업시간에 한국에 관한 이야기를 학생들에게 들려주어 한국을 널리 알리는 사업을 전개한다.

이상 미국에서 실행되고 있는 한국학 교육과 한국어 교육을 살펴보았다. 미국에서 한국학을 교육하는 곳을 제도권과 비제도권으로 나눌 수 있다. 한국학교는 한인들에 의하여 주말에 이루어지는 교육이지만 한국학교까지 포함한다면 제도권에서는 초등학교에서 대학까지 한국어 교육이 실시되고 있는 것이 된다.

제도권을 대표하는 91개 대학에 한국어 강의와 한국학 강좌가 개설되어 있고 몇몇 명문대학에서는 오랜 역사를 지닌 한국학 연구소도 갖추고 있다. 이들 대학의 특징은 최근 5~6년 사이에 한국학이 크게 유행하였으나 근래에 들어 오히려 주춤하고 있는 상태이다.

초등학교 수준에서의 한국어 교육은 주말 한국학교에서 담당하고 있다. 주말 한국학교에도 교사 자격 문제, 수업시간 문제, 교재 문제, 운영경비 문제 등이 있으나, 나름대로 20~30년의 역사를 갖고 있고 지역협의회, 전국협의회 등이 있어 학교 간 연계를 갖고 교사연수회를 추진하는 등 나름대로 안전성을 유지하고 확고한 기초를 갖고 있다.

문제는 다시 되풀이 하려니와 중·고등학교에 한국어 강좌를 개설하고 발전시키는 것이다. 주말 한국학교를 다니던 학생이 중학교에 진학하면 학교에서의 활동도 많아지고 무엇보다 어머니의 영향권에서 벗어나 한국학교를 다니지 않는다. 그리고 고등학교 3학년이 되면 SAT II를 쳐야 하기 때문에 중·고등학교 시절 지속해서 한국어를 학습할 필요가 있다.

현재 미국 중·고등학교 65개 학교에서 한국어 강의를 하고 있으나 이들은 이제 시작 단계에 있으며 보다 많은 중·고등학교가 한국어 강좌를 개설하여야 한다. 최소한 한국 학생들이 많이 다니는 중·고등학교는 한국어 강좌의 개설이 시급하다.

중국어, 일본어의 보급 경쟁은 10년 내에 이루어질 문화전쟁이다. 그리고 이것은 한인 교민들의 성원과 노력만 있으면 얼마든지 승리가 가능한 전쟁이다. 이에 대한 일반 교민들의 자각과 교민 지도층의 협조가 있어야 하며 한국으로부터의 적극적인 후원이 있어야 하겠다.

미국이 SAT II 이후 기회 있을 때마다 2000년 Flagship scholarship,

2004년의 부시 Grant 2004 그리고 2006년의 Critical Language Initiative 등에서 한국어를 중국어나 일본어와 같이 강조한 것은 미국 학생들이 한국어를 배우라는 것이지 한국계 교민만 한국어를 배우라는 것은 아니다. 이것을 통하여 미국이 강조하려는 의도를 알 수 있다. 미국은 한국을 일본과 중국과 같이 존중하고 강조하여 준 것이다. 이에 따라 한국이 취하여야 할 방향과 한국 교민이 취하여야 할 방향이 제시된 것이다. 한국은 전력을 다하여 미국이라는 주어진 상황에서 중국이나 일본에 뒤처지지 않게 한국어 보급과 한국 문화 보급에 전력을 하여야 하고, 재미동포는 미국인의 한국어 선생이 되기 위하여 미국에 이민 간 것으로 목적의식을 확실히 하여야 할 것이다.

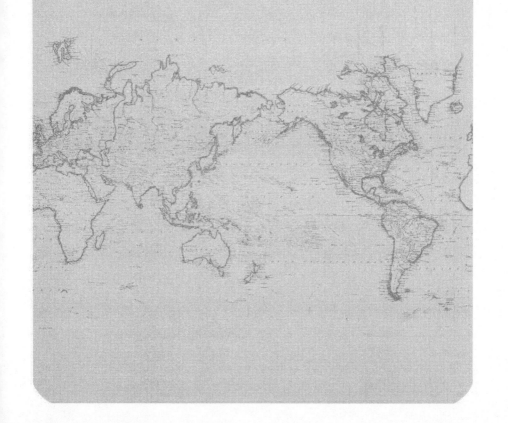

제 4 장

한국 전통문화

한국 전통문화

한국, 중국, 일본 등 동양 3국이 미국에서의 언어 보급 대결을 '문화전쟁'이라 하였다. 미국은 현재 세계를 지배하는 나라이기 때문에 미국에서의 승패는 바로 세계에서의 승패가 된다. 미국에서의 문화전쟁은 언어에 한정되는 것이 아니다. 현재 미국에서 진행되고 있는 것만 보아도 한류를 비롯한 예능에서 경쟁하고 동양 음식점에서 보는 것과 같이 음식문화, 그리고 더 나아가서 의식주에서 경쟁을 하고 있다. 경쟁의 내용을 종합하면 결국 문화가 된다. 말하자면 미국에서 전개되고 있는 문화전쟁은 언어에 국한된 것이 아니라 문화 전반에 걸친 경쟁이다. 문화전쟁은 미국에 국한되는 것이 아니라 세계적인 추세이기도 하다.

문명론적 문화

이곳에서 말하는 문화를 지식으로 표현하여 세계사를 언급한 문명론자가 있다. 이들의 이론에 의하면 인간은 농경시대에는 영토전쟁(Territory Game)을, 산업화 시대에는 생산의 원동력인 부의 전쟁(Wealth Game)을, 지식 산업사회의 국제화 시대에는 지식 전쟁(Knowledge Game)을 한다고 한다. 이곳에서 말하는 지식전쟁은 문화전쟁을 말한다.

문화는 한 민족에게 고유한 것으로 우열이 있을 수 없다. 예컨대 한국문화는 같은 불교를 공유하면서 일본 불교, 중국 불교와 다르며 같은 유교를 공유하되 중국 유교나 일본 유교와 다르다. 이것은 한국의 기층에 있는 문화 문법이 중국이나 일본과 다르기 때문이다. 그러나 문화는 유동하며 한 지역에서 다른 지역으로 흘러가기도 한다. 근세에 들어 서양문화는 강한 전파력을 갖고 세계로 전파되었으며 동양도 이에 예외가 아니다. 이러한 상황에서 우리가 취하여야 하는 것은 우리의 전통문화를 확고하게 지니며 외래문화를 잘 소화하고 한 차원 높은 문화를 이룩하여 세계에 공헌하는 것이다. 말하자면 우리가 서양문화에 압도되었던 시기가 있었으나, 이것은 한국적인 것을 버리고 서구문화에 동화되기 위한 것이 아니라, 서양문화를 소화하고 이것으로 한국문화를 살찌게 하며 서양문화를 소화한 한국문화가 세계문화에 공헌하여야 한다는 것이다.

오늘을 사는 우리들의 과업은 전통문화를 되새겨 영광스러운 문화유산을 넘겨준 조상들에게 감사하고 앞으로 세계문화에 공헌할 한국문화를 개발하여 우리의 후손들에게 넘겨주어야 하는 벅찬 의무를 갖고 있는 것이다.

🌀 전략적 문화

앞으로 이야기할 문화는 순수한 의미에서의 협의의 문화에 한하는 것이 아니다. 프랑스와 같이 경제도 문화와 더불어 발전하여야 한다. 산업정책 연구원 관계자에 의하면 한국은 경제적으로 세계 10대 무역 대국으로 성장했지만 여전히 국가 이미지에 대한 해외의 평가가 좋지 않다. 국가 브랜드가 없는 제품은 경쟁력이 없다는 것이고 문화적 뒷받침 없는 경제 발전은 있을 수 없다. 문화강국이 지구촌 사회의 모범이 될 수 있는 진정한 리더국가가 될 수 있다는 것이다. 일찍이 해외 시장에 눈을 돌린 영화감독 임권택 씨는 "문화강국이 선진국"이라고 단언하였다(한국일보 2006. 2. 6).

한류를 바탕으로 세계를 리드할 수 있는 경쟁력을 추구하자고 주장하는 한국의 변화경영연구 소장 구본형 씨는 이른바 코리아니티(Koreanity) 경영을 주창하였다. 그가 말하는 코리아니티란 한국성(韓國性) 혹은 한국인들에게 내재되어 있는 유전자(DNA)라고 말한다. 그는 또한 코리아니티는 다수의 한국인이 공유한 문화적 동질성, 일상적 취향, 가치체계와 공유의식, 일반 정서 등 한국적인 것의 총체라고 말하였다. 그는 "한국인이 가진 문화적 차별성을 브랜드화 하여 문화적 프리미엄을 얻어내는 것이 코리아니티 경영의 목표"라고 덧붙였다.

세계화가 대세인 시점에서 한국적인 것을 강조하는 이유는 뭘까? 구본형 소장은 외환위기 이후의 세월을 '잃어버린 8년'이라고 진단하면서 "한국이 정체성에서 벗어나 지속적인 성장의 기반을 마련하려면 선진국을 따라가려는 방식으로는 안 된다"며 이제 추격은 포기하고 한국적 리더십을 개척하여야 한다고 말하였다. 미국에서는 '아메리칸 드림'을, 독일제

상품에서는 '견고함'을, 일본 상품에서는 '정교하고 섬세함'을 발견할 수 있듯이 한국 상품에서도 뭔가 한국적인 것이 발견되어야 하는데 그런 문화적 브랜드가 없다고 지적했다. 결국 오늘날 한류가 우리에게 새로운 희망을 던져주는 이유는 "발전된 한류가 세계인들에게 호소할 수 있는 새로운 문화적 브랜드가 될 수 있다는 가능성"이라는 것이 그의 주장이다(한국일보 2006. 2. 6).

전문가들은 이러한 현상을 두고 "한국의 소프트 파워(Soft Power)가 강해지고 있다"고 평가한다. 소프트 파워란 미국의 국제정치학자 조셉 나이(Joseph Nye)가 처음 사용한 개념으로, 한 국가의 경제력, 이념(이데올로기)과 문화적 영향력을 통칭하는 말이다. 반대의 개념은 '하드 파워'로 이것은 보통 군사력을 뜻한다. 특히 1990년대 냉전체제가 끝나고 글로벌 경제가 본격적으로 태동하면서 한 국가의 영향력을 평가하는 기준으로 중요시되었다(한국일보 2006. 2. 6). 따라서 한국의 경제발전인 하드 파워도 중요하지만, 앞으로는 소프트 파워를 길러야 한다.

구본형 소장의 말을 빌린다면 "과거 우리나라가 저평가됐던 '코리아디스카운트'의 원인은 문화 없이 제품만 팔았기 때문"이라고 한다. 그는 "한류 열풍은 한국에 대한 긍정적 이미지를 심어주었다"며 "한국이 저성장의 늪에 빠지지 않고 이류에서 일류로 본격적으로 도약하는 계기가 되도록 한류를 활용해야 한다!"고 강조했다.

이를 위해서는 이곳에서 한국 전통문화의 특색을 정리하여 한국인의 후손으로 영광스러운 인식을 갖게 하고 우리 조상들의 위대함과 주어진 조건에서 최선을 다하여 온 선배라는 생각을 가져야 하겠다. 한편 한국의 전통문화가 앞으로 세계문화에 어떠한 기여를 할 수 있는가를 생각하게 하려 한다. 이곳에서 보려는 것은 최근 유행하는 한류가 어떤 의미를 갖고 있으며, 이것이 일시적으로 지나가는 유행이 아닌 지속성을 가지려면 어떻게 전통문화와 접목할 것인지, 한편 한국의 전통문화인 정신문화, 생활문화, 놀이문화, 예술문화 등에 숨겨진 한국 문화의 문법이 무엇이고 이것을 현대와 어떻게 접목시켜야 하는가를 보기로 한다.

🌸 한류문화

위에서 본 것과 같이 한국 드라마 〈겨울연가〉가 일본에 상륙하면서 한류 바람이 불기 시작하였다. 그간 일본은 한국을 한 차원 낮은 나라로 한국문화를 낮추어 보았으며, 서구문화에 대한 강한 열등의식을 가져 명치유신 이후 탈아입구(脫亞入毆)를 국시(國是)로 여겨오던 나라이다. 앞서 본 것과 같이 최근 일본은 세계 제2의 경제 강국이 되었으나 정신적으로 피폐하여 공포감마저 느끼고 있을 때였다. 이러한 분위기에 한국 드라마 〈겨울연가〉는 일본인들에게 충격이 아닐 수 없었으며 동양의 의리와 같은 미덕을 되찾은 것처럼 느껴졌을 것이다. 특히 외형으로는 서구와 다름 없어 보이면서도 남자의 우월감과 여자를 비하하는 일본 남자에 비하여 잘생긴 외모뿐만 아니라 여자에게도 상냥한 주인공 배용준의 태도에 반한 것이다.

중국을 위시하여 동남아시아 여러 나라는 한국 드라마를 통하여 동양의 미덕과 동양의 희망을 보았다. 자기들이 지향하는 서구의 문화, 특히 미국을 통하여 들어오는 서양 문화는 액션 영화로 보기에는 통쾌하나 결국 돈과 섹스를 최고의 목표로 한다는 점에서 인간성은 찾을 수 없었다. 이러한 험난한 광경과 대조적으로 한국의 영화에서는 발랄한 분위기이면서 가족적이고 의리를 지키는 등 동양적인 미덕을 볼 수 있었던 것이다.

한국 영화를 통하여 받아들인 주인공과 동방신기와 같은 대중 가수들은 국민의 영웅이 되었고, 특히 젊은이들의 우상이 되어 그들이 공연 차 동남아시아의 나라를 방문하면 비행장에 나와 열화와 같은 환호를 받았다. 수상이나 국가 원수가 귀국하여도 그러한 환영과 환호는 없었을 것이다. 심지어 일본에서도 한국의 욘사마가 비행장에 도착하면 수상도 받아보지 못한 대대적인 환영을 받는다고 한다.

이러한 한류가 프랑스 파리를 통하여 유럽에 상륙하였고, 뉴욕을 통하여 미국으로 상륙하였다. 그리고 이집트의 카이로를 통하여 중동과 아프리카에까지 전파되고 있다.

영화, 드라마, 대중음악 등을 내용으로 하는 한류에 드라마 〈대장금〉은 한국의 전통문화, 특히 음식문화를 더하여 더욱 강한 힘을 가지게 되었다. 〈대장금〉은 한국 궁중음식과 한국음식 전체를 전파하는 가장 중요한 매체로 기능하며, 〈대장금〉의 주인공 이영애는 가장 사랑받는 인기배우가 되었다. 음식문화에 관하여 잠시 후에 보기로 한다.

이러한 한류의 영향은 잠시 유행하다 사라질 것으로 보이지 않는다. 일본의 예를 보면, NHK의 위성방송인 BS2채널에서는 목요일 저녁 8시부터 11시까지 〈대장금〉, 〈다모〉 등 한국 드라마를 집중 방영하였고, BS 위성방송의 경우 모든 채널에서 한국 영화를 주 1회 이상 방영하고 있으며, CS 위성방송의 경우 스카이 퍼펙트 TV에서 한 달에 38편의 한국 드라마가 방영되었다 한다.

한류에 편승하여 인기 연예인이 미인의 표본이 되어 인기가 있으며, 특히 대만과 중국에서 김희선의 인기는 대단하다. 한류에 따라 한국 미인이 아시아 대표 미인으로 떠오르면서 한국 화장품도 주목받기 시작하여 대만의 타이베이, 상하이, 싱가포르 등 아시아 주요 도시의 최고급 백화점에 가면 한국 화장품 태평양의 라네즈 브랜드를 쉽게 만날 수 있다. 한국 화장품의 인기는 한국식 화장 기법과 무관치 않다. 한류 바람에 편승한 인기 연예인을 통해 한국식 화장품을 선보이면서 자연스럽게 한국 화장품에 대한 관심이 높아져 간다는 것이다.

한류는 화장품을 통한 미용에서만이 아니라 성형외과에도 영향을 주어 중국에서는 비뇨기과에까지 '한류바람'이 불었다. 한국에 와서 성형 수술을 하는 것이 최상급이고, 한국에 오지 못하는 사람은 중국에서 수술을 하되 한국 의사의 집도를 바라며 한국식 코나 얼굴을 만들어 달라고 한다. 이에 따라 한국인 의사가 있거나 한국식 수술을 하는 대형병원이 북경 영재의원 이외에도 중국 전역에 20여 개의 비뇨기과 전문의원이 생겼다. 한국식 성형의 유행은 여성만이 아니라 남성에게도 확산되어, 이들도 한국 전문의의 집도를 원한다. 한국식 성형수술은 대만에도 확대되어 타이베이 시내에 19여 개소가 생겼다고 한다.

중국에 이어 베트남 여성들이 서울에 와서 성형 수술하기를 원하고 있다. 호주나 싱가포르에서도 저렴한 가격으로 할 수 있지만 굳이 한국을 고집하는 것은 "TV 드라마 속의 한국 여성과 같은 코를 갖고 싶다"는 간절한 소망 때문이라고 한다. 특히 2004년 톱 가수가 된 '미땀'이 한국에서 코 성형을 받고 간 이후 하노이와 호치민의 부유층 여성들 사이에서 한국형 코 성형이 크게 유행하였다 한다.

한류의 영향으로 특히 아시아 여러 나라에서 한국 관광객이 해마다 증가하여, 2004년에는 관광객 수가 300만 명을 넘게 된다. 한국 정부에서는 한류를 적극적으로 지원하기 위하여 일산에 '한류타운'을 조성하여 한류를 체계적으로 연구하고 한류 사업을 적극적으로 지원하기로 하였다.

[연도별 한국 방문 관광객 수의 추이]

(단위 : 천 명)

국가＼연도	2000	2001	2002	2003	2004
일 본	2,382	2,299	2,245	1,726	2,354
중 국	194	222	238	191	265
홍 콩	194	197	169	147	146
대 만	117	122	129	186	295
합 계	2,889	2,840	2,781	2,250	2,060

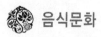 음식문화

한류의 뒤를 따라 전파되어 가는 한국 문화의 하나가 음식 문화이다. 특히 〈대장금〉은 드라마에서 한국의 궁중생활을 소개하였을 뿐만 아니라 한국의 음식 문화를 전파시킨 제일 큰 공로자이기도 하다.

흔히 관광하면 명소나 고적지 또는 박물관을 찾거나 백화점을 찾는 것으로 생각하고 있으나 근년에는 음식도 관광의 한 영역을 담당하고 있다. 2006년 한국관광공사가 실시한 외래 관광객 실태조사에 의하면 한국을 방문하는 관광객에게 한국하면 떠오르는 것의 1위가 한국음식(57.0%)이라 한다. 그리고 2위가 자동차(46.9%), 3위가 경제성장(43.6%) 그리고 4위가 올림픽과 월드컵(42.5%)이라고 한다.

날이 갈수록 굴뚝 없는 산업인 관광산업에 각국이 열을 올리는 것과 마찬가지로 음식을 통한 관광분야에서도 치열한 경쟁을 벌이고 있다. 이것은 가히 '음식전쟁'이라고 할 수 있다. 일본은 농림수산부 산하 외식산업실에 외식산업 종합조사 연구센터를 설치하고 일본음식 세계화를 체계적으로 지원하여 2010년까지 세계인구 중 12억을 일식인구로 지원할 예정이다. 이탈리아는 1991년 외국인을 위한 이탈리아 요리 연구소 20여 곳을 세우고 요리를 가르치고 있다. 프랑스도 전략적으로 외국인 요리사를 양성하고 있다.

한국의 경우, 도자기 제조와 고급 한식당 운영으로 한식 세계화를 직접 시도해 본 광주요의 조태권 회장은 2020년까지 한국 음식을 격상시켜 해외로 진출하여 세계 20억 중산층을 겨냥한 한국음식의 세계화를 꿈꾸고 있다(중앙일보 2009. 1. 28). 또한 음식은 문화가 수반되는 것이기에 음식의 세계화는 곧 문화의 세계화라 한다. 음식문화에는 도예, 미술, 장식, 인테리어 등 관련 문화가 따르기 때문에 종합 문화이며, 식당에서는 식기, 음악, 조명까지 최고여야 최고의 손님이 찾아온다고 한다. 그는 말하기를 한식당을 누구나 가고 싶은 곳으로 그리고 한식당을 우리 문화를 즐기는 상징적인 곳으로 만들어야 한다고 한다. 우리는 그간 수출만으로 살아 왔는데, 이제부터는 한식당과 음식문화를 수출하여야 한다. 제대로 된 음식문화 없이는 선진국이 못 된다고 그는 강조한다(중앙일보 2009. 1. 29).

그간 김치를 필두로 불고기 바비큐, 비빔밥 등 한국음식이 널리 알려져 있다. 그러나 근년에는 한식에 문화를 입혀 품격을 높이고 이것을 바탕으로 세계화하려는 움직임이 불고 있다. 서울 청담동 〈우리가〉는 한국 전통 혼례 음식과 선물음식의 전문점이었으나 우리가 즐기는 음식의 맛과 함께 멋을 내는 식당으로 탈바꿈하여 접시 하나하나에도 한국적인 감각을 느낄 수 있는 식기를 사용하고, 인테리어나 식탁 하나에도 신경을 써 유명하다. 인테리어라면 서울 논현동의 한식당 〈천지일가〉가 유명하다. 한옥을 기본으로 한 분위기를 만들어 편안함을 느끼게 하고, 온돌방을 마련하여 전통을 느끼게 한다. 인테리어에서 더 나아가 식당에서 국악을 연주하는 곳도 있다. 전주비빔밥을 전문으로 하는 〈고궁 인사동집〉은 매일 저녁 1시간씩 국악을 연주하여 전통 음식과 전통 음악의 조화를 만끽할 수 있다. 나물을 위주로 하는 〈풀향기 삼성 본점〉도 국악 연주를 하고, 〈놀부명가〉에서도 골동품 전시와 국악 연주를 한다. 2008년 서울 남산에 문을 연 〈품서울〉은 궁중음식 전문가에 인테리어 전문가 등 식당에 필요한 한국 전통의 전문가들을 모아 식당을 시작하였으며, 이것은 세계로 진출하기 위한 한국 본사의 기능을 한다.

15년이나 한국에 살면서 한국 음식에 매혹된 영국의 식당 비평가인 앤드류 새먼은 서울의 음식점과 한식을 소개한 『Seoul Food Finder』이라는 책을 출판하였다. 그는 2002년 월드컵 경기 때 한국을 찾은 영국 스포츠 기자들에게 신촌에 있는 한 허름한 부대찌개 집을 소개하였다. 영국 기자들은 햄, 소시지, 라면 등을 섞어 얼큰한 맛을 내는 부대찌개를 먹고 "태어나서 지금까지 먹어본 식사 중 최고"라고 칭찬을 아끼지 않았다고 한다. 그는 우아하고 전통적인 것만이 문화라는 생각에 반대한다. 한국 현대 문화는 개성적이고 매력적인데 한국인들은 그것을 모르는 것 같다고 말하였다. 삼겹살집에 갈 때마다 이렇게 즐겁고 왁자지껄한 분위기는 세계 어디에도 없을 것 같다며 이러한 분위기를 외국인도 즐길 수 있게 해야 한다고 한다(중앙일보 2009. 1. 29).

한국 정부도 한국음식의 세계화에 적극 나서기로 했다. 2007년 10월 양재동 aT센터에서 개최된 한식 세계화 심포지엄에 참가한 농림수산식품부 장태평 장관은 "한식을 2017년까지 중국, 일본, 프랑스, 이탈리아 음식과 더불어 세계 5대 음식으로 키우겠다"고 말하였다. 현재 1만 개인 해외 한식당을 2017년까지 4배인 4만 개로 늘리고, 2017년까지 평생에 한번 가보고 싶은 '명품 한식당'을 국내외에 100곳 만들겠다고 하였다. 〈대장금〉과 같은 한국 음식을 소재로 한 문화 콘텐츠 제작을 장려하고, 여행업체나 이벤트 회사와 함께 외국인 관광객을 위한 한식 체험 관광 프로그램을 지원하겠다고 하였다. 특히 한국음식이 저칼로리라는 점, 김치에 항암 효과가 있다는 점 등을 강조해야 한다고 말하였다.

장태평 농림수산식품부 장관은 중국의 〈대장금〉이라는 한식점 체인 8곳이 우리나라에서 매달 고추장 1,000만 원어치를 수입한다고 한다. 한국식품의 세계화를 위하여 별도의 재단을 만드는 것도 고려한다. 정부, 대학, 연구소, 기업이 합작한 재단을 만들어 영구적으로 한식 세계화를 추진하도록 한다는 것이다. 현재 만들어진 것은 세계김치연구소이다. 매년 10월에 한국식품 엑스포를 개최할 예정이며 전문 조리 아카데미를 설립하여 한국인과 외국인 조리사를 양성할 계획이다. 또한 조리사를 양성해 1차로 243개 해외 공관에 파견할 예정이라 한다. 국제식품 박람회에 출품하여서는 눈, 귀, 입을 모두 사로잡는다는 계획이다. 한국의 전통주를 개발하여 부가가치를 높이는 데 기여하게 하고, 한국 음식의 표준화로 세계 전략으로 삼는다는 것이다(중앙일보 2009. 2. 4).

음식을 외교의 중요한 수단이라 생각한 정부는 군사력과 경제력만이 아니라 문화도 강조되는 시대에 음식은 문화의 힘이라 생각하고, 109개 국가의 153개 공관에 우리 외교관을 한식 세계화의 첨병으로 생각하여 한식 전문가를 파견할 계획을 갖고 있다. 예를 들어, 주미대사관의 이태식 대사가 마이크 조핸스 미 농무 장관을 관저로 초청하여 한식을 즐기며, 미국산 쇠고기에서 뼛조각이 발견돼 수입 물량 전체를 반송한 일로 한·미 관계가 경색됐던 때였다. 이 대사는 불고기 등 한식을 차린 식탁에서 조핸스 장관에게 한국 입장과 정서를 설명해서 험악했던 분위기를 누그러뜨렸다. 전 주미 대사인 양성철 대사는 관저에서 담근 김치를 콜린 파월 전 국무장관에게 몇 차례 선물하였다. 파월 장관이 1970년대 동두천에서 주한 미군 대대장을 할 때 한국 음식을 좋아하였다는 소문이 있었기에 보낸 것인데, 뜻밖의 선물을 받은 장관이 무척 좋아하였다고 한다. 일본

대사관에서도 대사관저로 수상을 초청하여 한국음식을 대접하기도 하였고, 파나마 대사관에서는 홍삼으로 외교의 큰 공을 세우기도 하였다 한다. 농림수산식품부 식품산업진흥팀의 김홍우 팀장은 농림부와 외교부, 문화체육관광부, 무역협회와 협의회를 열고 한식 수출에 힘을 모으기로 하고, 2012년까지 농·식품 100억 달러의 수출 목표를 설정하였다고 한다 (중앙일보 2009. 2. 3).

한국 국제 기내식협회는 1998년 비빔밥을, 2006년 비빔국수를 기내식으로 한 것이 성공하였다고 판단한다. 이를테면 1999년 한국에 공연차 내한한 마이클 잭슨이 한국에 올 때 기내에서 비빔밥을 먹고 한국음식의 맛을 알게 된 후 한국에서도 여러 번 비빔밥을 시켜 먹었다고 한다.

한국 외식정보에 따르면 세계 각지에 퍼져 있는 한식당이 2008년 현재 중국에 2,500개, 일본에 1,700개, 미국에 1,350개, 동남아시아에 930개, 유럽에 170개, 캐나다에 100개, 호주와 뉴질랜드에 50개, 아시아에 40개, 중동에 30개, 남미에 20개, 몽골에 20개, 터키에 10개, 아프리카에 10개, 기타 60개 등 도합 6,990개소에 이른다고 한다. 이것은 교포가 운영하는 식당을 제외한 것이다. 동포들의 식당은 미국이 약 1만여 개, 일본 역시 1만 2,000여 개가 있다. 동포들이 운영하는 식당도 일본의 〈식도원〉이나 미국 뉴욕의 〈금강산〉, 〈강서화관〉이나 LA의 〈청담동 순두부집〉 같은 곳은 한국인보다 외국인이 더 많이 찾는 유명한 한식당들이다.

세계적 요리라 하면 중국 요리를 꼽던 중국에서마저 중국음식은 기름기가 너무 많고, 한국 음식은 웰빙 음식으로 적합하다는 평을 받고 한국 음식이 유행하기 시작하였다. 북경 구베이(故北)에 위치한 까르푸 매장에서는 중국인의 식생활에 파고든 한국 음식의 위상을 쉽게 확인할 수 있다. 라면 코너에는 신라면이 가득하고 한국식 간장과 고추장은 물론 반찬 코너에 가면 한국식 김치가 다른 중국 전통 식품과 어울려 절찬리에 팔리고 있다. 불판에 고기를 구워주는 한국식 고기집 〈서라벌〉은 1994년 문을 연 이래 북경 시내에만 7개의 지점을 운영 중이다. 월남의 경우 호치민 시에 한국음식점이 무려 200여 개나 있으며 이곳의 손님 80% 이상이 현지인이다. 호치민 시의 최고급 백화점 다이아몬드 플라자 옆에 위치한 한국 음식점 〈대장금〉에서는 1인분에 10만~15만동(6,500원~1만 원)하는 비싼 한식 상차림 메뉴가 불티나게 팔리고 있다. 한국 음식과 영화, 드라마는 이미 아시아인들의 보편적인 대중문화로 자리 잡고 있다.

오스트리아 빈의 민중오페라 극장 옆에 있는 〈김 코호트〉 한식당은 3개월 전에 예약해야 들어갈 수 있는 명소가 되었다. 6시는 세 가지 코스, 8시에는 다섯 가지 코스가 있다. 유기농 채소와 해물 위주의 요리로 독일어권에서 유명하다. 주인 김 씨는 매주 정기적으로 방송에 출연해 요리를 선보이고 있으며 그가 쓴 요리책도 유명하다. 현지에서 구하는 재료를 사용하되 한국식 조미료를 가해 한국식 맛을 내고 한국식으로 손님을 따뜻하게 대하는 것으로도 유명하다. 손님을 따뜻하게 대한다는 것은 손님 각자의 몸에 맞는 음식을 권하고 요리도 손님 한 사람 한 사람을 고려하여 만든다는 것이다. 특히 한국 음식에 잘 맞는 포도주를 선정하는 것 또한 중요한 비법의 하나라고 한다(중앙일보 2009. 1. 28).

파리에는 몽마르뜨 언덕 밑자리에 자리 잡은 〈소반〉이 유명하다. 24석 규모의 작은 식당이지만 식도락가들이 즐겨 찾는 곳이며 프랑스 인의 식사 시간이 긴 것을 감안하고, 무엇보다 프랑스 사람들의 입맛에 맞는 한식을 전문화한 것으로 유명하다. 가격이 비싼 편이지만 낮이나 밤이나 여석이 없을 정도이다. 이곳의 비결도 정성스럽게 식사를 준비하고 최고의 재료로 요리를 하는 것이다. 비빔밥에 사용하는 나물인 고사리나 취나물의 경우 전북 장수에서 직접 공수하여 오고, 보성에서 직접 가져 온 어린 싹으로 된 차를 사용한다(중앙일보 2009. 1. 29).

파리의 16구 파시 광장 부근의 한식점 〈누정〉은 한국 음식과 프랑스 포도주를 잘 조화시켜 성공한 음식점이다. 주인 조만기 대표는 180여 종 8,000병의 와인을 갖추고 손님을 대접하며 손님에게 개별 한식 요리에 어울리는 포도주를 권한다. 모듬전이나 돼지불고기에 맞는 와인 포도주를 한식과 어울리게 하며 품질 좋은 것으로 갖추어 놓아 식당의 품위를 높이고 있다. 파리 15구 한식점 〈귄스 다이닝〉에서는 뚝배기 불고기와 대구 매운탕, 불고기와 돌솥 비빔밥에 맞는 포도주를 권하여 준다. 홍어회 무침이나 매운 갈비찜과도 맞는 포도주가 있다고 한다. 위에서 본 빈의 한식점도 포도주와 한식의 조화로 인기가 있는 것이다.

일본 동경 고급 주택가인 미나도구 아자부주반에 자리 잡은 한식당 〈소선재〉는 서울 삼청동 소선재의 일본 지점으로 한국음식을 일본식으로 포장하여 요리를 고급화하였다. 이 집의 대표 요리가 보쌈, 간장 양념에 잰 마늘잎, 백김치 등을 싸 먹는 것이다. 물론 이외에도 죽, 구절판, 보쌈, 고로케, 전, 고기요리, 나물, 국, 밥 등이 제공된다. 식당 안내서 『도쿄 최고의 레스토랑』이 선정한 올해에 주목할 만한 가게 19개소의 하나로 〈소선재〉가 선정되기도 하였다(중앙일보 2009. 1. 28).

아랍권 22개국에 방영되는 두바이 TV의 요리 프로그램 〈오사마와 함께 더 맛있게〉를 진행하는 오사마 엘사예드는 갈비구이, 갈비찜, 삼계탕, 갈비 돌솥비빔밥, 미역국, 갈치조림을 비롯한 한국음식을 소개하고 있다. 이것은 아랍권에 〈대장금〉이 방영되면서 한국음식에 대한 관심이 고조된 결과라 한다. 특히 마늘과 생강, 설탕이 어우러져 내는 매콤한 맛과 갈비와의 조화를 높이 평가한다고 한다(중앙일보 2009. 1. 28).

해외에서 한국음식 호황에 힘입어 국내에서도 한국산 음식과 조미료 생산이 성행하고 있다. 특히 전라북도가 음식문화의 중심지로 각광을 받고 있으며 전북에서도 순창, 전주, 정읍 등이 새로운 음식문화 센터로 떠오르고 있다. 전북 순창군 백산리의 고추장, 민속마을고추장 등을 산업화하기 위해 정부가 150여 억 원을 투자하였고 이에 힘입어 전통 방식의 고추장 생산업체 50여 개가 입주하였다. 이곳의 고추장은 1년에 3,000억 원의 매출을 올리며, 복분자는 술, 와인, 음료 등과 같이 1,300여 억 원을 벌어들인다. 전주비빔밥은 일본 가나자와 시에 체인점을 개설하고, 중국에 공장 건립을 추진하는 등 해외로 뻗어나가고 있다. 김치, 라면 등을 우주식품으로 개발을 서두르는 정읍에는 방사선 과학연구소를 비롯해 생명공학연구원, 생물산업진흥원, 장류연구소, 복분자연구소 등 식품 R&D 기관이 17개나 있다. 이들 연구소에서는 1500여 명의 인력이 신제품 개발을 위해 구슬땀을 흘리고 있다. 고품질 농산물 식품기업, 연구기관을 유기적으로 엮는 클러스터(Cluster)가 가동되면 1차 산업인 농업이 2차(식품제조업), 3차(외식 서비스업)로 확대되어 미래의 성장 동력이 될 수 있다. 1단계로 2012년까지 총 3,500억 원을 들여 330만 평방미터(100만여 평)의 식품 전문단지를 만든다고 한다. 이곳에 식품안전관리지원센터와 가능평가센터, 첨가물연구소 등의 R&D가 들어서 클러스터의 핵심 역할을 담당하게 된다. 또 이곳에 식품의 원료 구입부터 가공, 유통, 수출까지 전 과정을 지원하는 원스톱 시스템이 구축된다. 마케팅을 돕는 포장 및 디자인 지원센터와 식품 전문 인력 중개소도 운영할 계획이라 한다.

2단계로 새만금 부지에 네덜란드 로데르담처럼 식품가공무역단지를 추진한다고 한다. 말하자면 식품 전문 항구를 만들고 원자재 및 가공식품의 수출입을 자유롭게 보장해 글로벌 기업을 유치하고 그 생산품을 일본·중국 등 해외 시장으로 내보자는 것이다. 최재용 전라북도 식품산업과장은 "전북은 농산물이 풍부하고 전통식품이 발달해 있는 등 푸드 밸리를 만들기에 안성맞춤의 조건을 갖추었다"며 "이 사업이 제대로 추진되면 900여 개의 기업 유치, 10만여 명의 고용 창출 효과가 있을 것"이라고 말했다.

　이제 한국 음식이 세계로 확산되어 가고 한국의 식품이 세계화되어 가고 있다. 이것은 한류에 이어 한류와 같이 시작하였으나 한류보다 더 폭넓게 한국문화를 포함한다. 음식 맛에서도 한국적인 맛으로 경쟁해야 하지만 식기, 식탁, 실내 장식, 실내 분위기 등 문화적인 요소를 더 많이 필요로 하는 영역이 음식문화이다. 한국음식의 세계화는 국제 기준이 있는 것이 아니라 이미 다른 음식으로 길들여져 있는 손님의 입맛을 상대로 하기 때문에 더욱 어려운 것이다. 음식문화의 세계화는 손님을 대상으로 하는 어려움만이 아니라 한국의 경우 중국음식, 일본음식과 더불어 국제 사회에서 경쟁을 해야 하기 때문에 '음식전쟁'이라 일컫는다. 음식전쟁은 중국, 일본을 상대로 하기 때문에 더욱 치열하다. 그것은 중국과 일본은 국력을 기울여 자기 음식 문화로 세계를 지배하려는 큰 야심들이 있기 때문이다. 음식전쟁은 일본이나 중국이 자기들의 경제력이 상승할수록 심해지는 경향이 있으므로 이에 대한 대응책이 치밀하고 긴요하여야 한국 음식이 세계 음식으로 자리매김할 수 있을 것이다.

　음식문화가 식사만이 아니라 식탁, 식기, 실내장식, 분위기, 식사 예절, 접대 의례 등 많은 문화영역과 관련된 종합 문화라 한다면 음식문화를 세계화하고 다른 나라와 경쟁하기 위해서는 전통문화와의 협력이 절대적으로 필요하다. 전통문화의 협력을 구한다는 의미에서 세계화로 향하여 나아가는 전통문화의 다른 영역을 보기로 한다.

🎭 탈놀이

세계화되어 가는 한국 문화의 하나가 탈놀이 가면극이다. 가면극은 관악기와 현악기로 연주하는 음악과 가면을 쓴 무용수의 무용이 어우러진 몇 개의 장면과 대사를 통하여 지배계급인 양반과 학자 그리고 스님을 풍자하는 비판과 현실을 묘사한 종합적인 예술의 하나이다. 따라서 가면극은 전통문화, 특히 서민 중심의 대중문화를 대표하는 것으로 전국적으로 알려진 가면극만도 봉산탈춤, 북청 사자놀이, 양주 별산대놀이, 하회 별신굿, 송파 산대놀이, 통영 오광대 등이 유명하다. 그 중 대표적인 것 하나가 하회 별신굿이라는 하회 탈놀이이다.

경북 안동시 풍천면 하회리 하회마을에서 행해지는 '하회 별신굿 탈놀이'는 다른 탈놀이와 달리 하회마을 최고 양반인 유성룡 종가댁 안마당에서 행하여지는 놀이로 주인댁에서 음식을 장만하고 안마당에 장을 마련하면 마을 천민들이 탈를 쓰고 12과장의 놀이를 한다. 놀이는 익살과 해학으로 양반을 놀리고 파계승과 허세 부리는 선비를 풍자하며, 때로는 주인을 포함한 양반을 몹시 곤경에 빠지게 할 수도 있다. 그러나 그날만은 양반이 모든 것을 용서하고 포용하여 하루를 즐겁게 지내는 것이다. 특히 하회 가면은 나무로 만들어진 것이고 당집에 모셔져 신성시되고 있다. 이것은 가면 자체가 국보 121호로 지정되어 있으며, 하회 별신굿탈놀이는 무형문화재 제69호로 지정된 것이다.

탈놀이가 관중과 더불어 큰 마당에서 행하여질 때 양반과 천민이 어우러지는 대화는 신분을 초월한 해학과 풍자로 관중의 폭소를 자아낸다. 마을 안에서 행하여지던 탈놀이가 1997년 상설 공연장을 마련하여 안동을 찾는 국내외 관광객을 위해 공연을 계속하고 있다. 하회 가면극은 70년대

중반 창립 이후 3,000회가 넘게 공연되었으며 외국 관광객을 위해 영어, 일어, 중국어 등 3개 국어의 대본을 갖고 있다. 1992년 일본 국민문화제 초청 공연을 시작으로 미국 애틀랜타 올림픽, 일본 나가노 동계 올림픽 등 16년간 30여 회의 해외공연을 실시하였다. 그 동안 95개 외국 공연팀이 안동을 찾기도 하였다. 말하자면 하회는 국제적인 가면극의 중심지로 자리 잡은 것이다. 최근 막을 내린 축제는 관광객 105만 명을 기록하였다. 축제 기간 동안 풍산 장터 안동 한우잔치에 7만 5,000명이 찾아 소 70마리 분 7억 원어치를 소비하는 등 여러 곳에서 소득도 창출됐다. 이제 하회 별신굿은 판소리, 사물놀이와 함께 한국을 대표하는 공연으로 자리 잡았다. 문화체육관광부는 전국 1,000여 개 축제 중 안동 국제페스티벌을 '대한민국 대표축제'로 선정했다. 페스티벌로 문화의 세기를 끌어 나가는 한편, 상설공연을 365일 열고 탈놀이를 세계문화유산으로 만들 예정이라고 한다(중앙일보 2008. 10. 8).

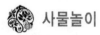 사물놀이

하회탈춤 못지않게 세계에 알려진 한국 음악이 사물놀이이다. 원래 사물놀이란 없고 풍물놀이를 현대화한 것이 사물놀이다. 풍물굿에 등장하는 여러 악기 중 꽹과리, 징, 장구, 북 등 4개의 악기를 별도로 팀을 만들어 1978년 서울의 공간사랑이라는 소극장에서 공연한 것이 시초이다. 처음 시작한 김덕수가 중심이 되어 사물놀이라 하면 김덕수 사물놀이를 말한다.

사물놀이가 한국 음악을 대표하게 된 것은 뉴욕에 있는 유엔총회에서 한국의 유엔 가입 기념 축하 공연에 뉴욕 교향악단과 협연한 것에서 유래된다. 사물놀이 자체가 연주의 기교가 정밀하고 활발하며 특히 꽹과리와 장구 등이 어우러진 신나는 음악으로 관중을 흥분케 하지만, 무엇보다 어느 관현악단과도 협연할 수 있는 개방된 음악으로 명성을 얻게 되었다.

사물놀이가 전통적이지 못하고 풍물굿의 정신을 이어가지 못한다는 평은 있지만 한국 타악 음악의 아름다움을 재조명하게 하였으며, 전통음악의 대중화와 세계화에 크게 공헌한 것을 부인할 수 없다. 한국에서는 물론 학교마다 사물놀이가 없는 곳이 없고, 해외에서도 학교나 동우회에 사물놀이패가 있어 한국 음악을 대표한다.

김덕수 사물놀이는 국내외 많은 음악가들과 협연을 하였으며 해외공연 횟수는 헤아릴 수 없을 정도로 많다. 사물놀이는 해외 가는 곳마다 폭발적인 인기를 끌며 팬클럽과 사물놀이패가 구성되고 해외 디스크테이프가 제작·판매된다. 미국 뉴욕 필하모니의 수석 타악기 주자인 모리스 랜지는 신문에 사물놀이를 평하기를 "사물놀이는 세계 곳곳에서 불과 몇 분만에 모든 청중들을 그들의 소리 속에 함몰시키고 있다"고 평하였다.

타악기는 한국만이 아니라 중국, 일본은 물론 동남아시아, 아프리카 등에 널리 분포되어 있다. 뿐만 아니라 아프리카 등에서는 타악기의 역사가 오래 된다. 그리고 동남아시아나 일본에서도 타악기 연주를 장려하고 세계 공연도 많이 하고 다닌다. 그러나 우리의 사물놀이만큼 인기가 있고 사랑을 받는 타악기 연주는 없을 것이다. 그러므로 한국의 사물놀이는 세계화에 성공한 사례라 하겠다.

사물놀이는 전통음악의 일부에 지나지 않는다. 앞으로 가면극이나 음식문화와 같이 한국 전통음악도 모든 영역에서 세계화를 서둘러야 한다. 다만 장애 요인이 있다면 한국인들이 갖는 자기 문화에 대한 열등의식일 것이다. 맵고 짠 한국음식이 어떻게 고급화를 하고 세계에서 경쟁을 할 수 있느냐 하는 자기 비하 의식이다. 탈이나 쓰고 소리 지르는 것이 어찌 세계 예술이 되고, 꽹과리나 치는 것이 어찌 세계 음악이 될 수 있느냐 하는 열등의식에서 빨리 벗어나지 않으면 한국 문화를 세계화할 수 없고 자기 문화를 세계화하는 경쟁에서 살아남을 수 없다.

🌀 3성 5현

한국의 사물놀이, 하회 가면극 등은 한류에 앞서 세계적인 명성을 가졌으나 한류가 유행한 것은 최근의 일이다. 이것은 한국의 경제발전과 무관하지 않다. 한국의 경제적인 위상이 높아지면서 한국에 대한 욕구가 증가하면서 한류가 크게 유행한 것이다. 앞서 프랑스의 사례에서 본 것과 같이 한국의 경제 상품도 한국적인 브랜드와 같이 확산되어야 한다. 해외로 수출하는 한국 문화도 고차원의 문화로 발전시켜 수준 높은 브랜드를 갖게 하고, 고차원의 '코리안니스'가 종합적인 상표가 되어 경제, 사회, 문화 전 영역을 통합하고 이끄는 역할을 발휘하도록 하여야 한다.

이것을 위한 전제조건이 우리의 역사 인식이다. 그간 우리는 한국 역사를 식민사관에 의하여 왜곡되게 인식하여 왔다. 서울대 규장각 관장인 정옥자 교수는 '유교의 나라 조선 이해법'이라는 제목의 강연에서 망국으로 끝을 맺은 조선조가 식민사관에 의해 왜곡되었다는 것을 지적하였다. 식민사관이란 그에 의하면 모든 역사 현실을 힘의 논리에 입각하여 서술한 것이라 한다. 이것은 역사를 움직이는 다원성을 무시하고 오로지 힘의 원리라는 단선적 잣대로 역사 현실을 평가하였다는 것이다. 조선은 전기에는 사화, 후기에는 당쟁만을 일삼아 결국 망하였다는 당쟁망국론이 편견에 지나지 않는다고 말하였다. 조선조의 붕당은 오히려 '견제와 균형'이라는 묘수를 통하여 상호 비판을 함으로써 정계의 비리와 부정부패를 극소화한 것이라 하였다(2003 한국철학연구소 학술문화강좌 1).

한국의 전통 문화에는 '견제와 균형' 또는 '대립과 조화'라는 문화법칙이 숨겨져 있다. 실은 일상생활문화인 한복, 한국의 음식, 한국의 가면극은 물론 심지어 사물놀이에서도 이러한 대립과 조화라는 한국 전통문화의 문법을 읽을 수 있다. 이것은 21세기 국제화를 서두르는 세계의 흐름에 공헌할 수 있는 한국의 문화유산이다. 이것을 이해하고 전파하는 것이 오늘을 사는 우리들의 과제다. 우리의 대중문화인 한류의 확산도 이것을 위한 것이지 단순한 구경거리를 보여주는 것이 아니다. 이러한 세계화의 목적의식을 위하여 간단하게나마 한국의 전통문화를 보기로 한다. 특히 한국의 전통문화를 외면하고 서구적인 문화에만 도취되어 있는 우리의 모습을 올바른 길로 인도하기 위하여 최소한 우리가 알아야 할 것만을 간추려 보기로 한다.

우리 역사에는 참으로 훌륭한 조상들이 많았다. 우리는 최소한 신라시대에 이름을 남긴 위대한 인물 3명, 그리고 조선조 유교국가 시절 이름을 남긴 5현과 세종대왕은 알아야 한다. 이들은 유학에서 말하는 것처럼 사람답게 이 세상을 살아간 사람들이다. 유교에는 사람이 이 세상에 태어나 학문을 닦고 그것을 세상에 환원하는 것이 유인(儒人)답게 삶을 사는 것이라는 철학이 있다. 그리고 유교라는 기준에 왕이라도 위반한다고 생각하면 목숨을 내걸고 왕을 간하였다고 죽기도 하는 정의로운 기개가 있었다.

신라 시대에는 10현이라 하는 위인이 있었으며 그중에서도 원효, 설총, 일연 대사를 3성(三聖)이라 한다. 원효(元曉 617~686) 대사는 신라 최고의 스님으로 왕과 고승 앞에서 불교를 설파한 금강삼매경(金剛三昧經)으로 유명하지만, 그것보다 통불교(通佛敎)를 제창하고 무애가(無礙歌)를 부르며 불교를 민중에게 대중화한 것으로 유명하다. 후일 고려 숙종은 그에게 대성화정국사(大聖和靜國師)란 시호를 추증하였다.

설총(薛聰)은 신라 경덕왕 시대를 산 학자로 원효 대사와 여석 공주의 아들이다. 신라 10현의 한 사람이며 유학과 문학에 뛰어난 대학자였다. 화왕계(花王戒)를 지어 신문왕을 충고한 것으로도 유명하지만 이두(吏讀)를 집대성하여 국학 발전에 큰 공을 세웠다. 1022년 사망 후 홍유후(弘儒侯)에 추봉되고, 문묘에 배향되었으며, 경주에 있는 서악서원(西岳書院)에 제향되었다.

일연(一然 1206~1289) 대사는 시호가 보각(普覺)이고, 탑호가 정조(靜照)이다. 그는 남해 정림사(定林寺)의 주지로 있으면서 대장경 제조에 참가하였고, 원종의 부름을 받아 강화도 선월사(禪月寺) 주지로 있으면서 몽고군이 일본 원정 시 왕을 따라 경주에 머물면서 왕의 법설을 담당하였다. 그 후 군위의 인각사(麟角寺)를 중축하고 구산문도회(九山門都會)를 개최한 것 등으로 유명하지만, 5권에 달하는 삼국유사(三國遺事)의 저술로도 유명하다. 삼국유사에는 고려 시대 북방민족들의 위협에서 나라를 구하기 위한 민족정신을 통일하고 민족혼을 고양하기 위해 단군설화를 문서화한 것으로도 유명하다.

조선조에는 유교를 추종하여 유인답게 살고 유교 보급과 실천에 공헌한 유인 18인을 성균관에 모셔 공자와 같은 문묘에 배향하고 춘추로 제례의 향응을 받는다. 그 중에서도 동방 5현이라 하여 사옹 김굉필, 회재 이언적, 정암 조광조, 일두 정여창 그리고 퇴계 이황을 꼽는다.

김굉필(金宏弼 1454~1504)은 본이 서흥(瑞興)이고, 호가 사옹(蓑翁)이며, 자는 대유(大猷)이고, 시호는 문경(文敬)이다. 그의 벼슬은 병조좌랑이 끝이었으며, 갑자사화에 연루되어 귀양살이를 하였으나 중종반정에 의하여 도승지로 추종되었다. 그가 유명한 것은 소학에 심취하여 소학동자라는 별명을 들을 만큼 학문에 심취하였고, 정몽주와 길재로 이어지는 의리지학(義理之學)을 계승하고 한국에 성리학의 학통을 이은 사람이기 때문이다. 그는 사후 아산의 인산서원(仁山書院), 회천의 상현서원(象賢書院), 순천의 옥천서원(玉川書院), 달성의 도동서원(道東書院)에 제향되었다.

이언적(李彦迪 1491~1553)은 본이 려강(麗江)이며, 호가 회제(晦齊)이고, 자가 복고(複古)이며, 시호가 문원(文元)이다. 그는 1514년에 급제하여 벼슬살이를 하다 1530년에 은퇴 후 귀향하여 독락당(獨樂堂)을 세워 학문에 열중하였다. 1547년 양재역벽서(良才驛壁書) 사건에 연루되어 강제로 유배당한다. 회제는 비록 높은 벼슬은 못하였으나 성리학을 토착화하는 데 큰 공헌을 하였으며 주리파(主理派)로 유명하다. 그는 사후 옥산서원(玉山書院)에 제향되고, 문묘에 종사된다.

정여창(鄭汝昌 1450~1504)은 본관이 하동(河東)이고, 자는 백욱(伯勗)이며, 호는 일두(一蠹)이고, 시호는 문헌(文獻)이다. 일찍이 지리산에서 5경과 성리학을 수학하고, 1483년에 진사시에 합격하였으며, 1490년 별시문과에 급제한다. 1498년 무오사화에 연루되어 종성에 유배를 당하고 사망한다. 그는 성리학의 태두이고 경서에 통달하였으며 특히 실천을 위한 독서로 유명하다. 저서 3권을 남겼으며 나주 경현서원(景賢書院)과 상주 도남서원(道南書院)에 제향되었다.

조광조(趙光祖 1482~1519)는 본이 한양(漢陽)이고, 자가 효직(孝直)이며, 호가 정암(靜庵)이고 시호는 문정(文正)이다. 1510년 진사에 장원 급제하였고, 사림파의 지지로 도학정치(道學政治)를 펼치려 하였으나 훈구파에 밀려 중종 때 기묘사화로 인하여 능주에 유배당하고 만다. 문집으로 정암집이 있을 뿐이지만 그는 개혁적인 도학정치의 이상을 품었던 정치가로 추앙되고 있다.

이황(李滉 1501~1570)의 본은 진성(眞城)이며, 호는 퇴계(退溪)이고, 시호는 문순(文純)이다. 1528년에 진사가 되고 벼슬이 양관대제학(兩館大提學)에 올랐으나 벼슬을 버리고 은퇴하여 후학 교육에 전념한다. 그는 특히 이기이원론(理氣二元論)으로 유명하다. 저서로『퇴계전서』등 15권과 시조집『도산십이곡』, 서체집『퇴계필적』등을 남겼으며, 사후 단양의 단암서원(丹巖書院), 괴산의 화암서원(華巖書院), 예산의 도산서원(道山書院) 이외의 수십 개 서원에 제향된다.

이상에서 본 동방 5현은 유교정신에 투철하였기에 높은 벼슬은 못하였으나 유교의 성인으로 받들어졌다. 이조 5현에 빠진 율곡(栗谷) 이이(李珥)는 성리학에서만이 아니라 경제학에도 통달하여 '십만양병설'을 설파하고 사후에 있을 환란에 대비하기도 하였다.

이들 이외에도 충무공(忠武公) 이순신(李舜臣)과 같은 인물도 있으나, 한국 역사를 통틀어 가장 위대한 인물을 꼽으라면 단연 세종대왕(世宗大王)이다. 민본사상(民本思想)를 구현한 세종대왕은 문물을 정돈하고 나라의 기틀을 올바로 하였으며 무엇보다 한글 창제를 통하여 모든 백성을 위한 그리고 영원히 빛날 한글을 남겼다.

이상 3성 5현과 이이, 이순신 그리고 세종대왕을 언급하였다. 이들 명인은 역사에 길이 남을 위인으로 그들의 발자취를 따라 인격을 도야하고 그들이 남긴 한국문화를 잘 계승하도록 하여야 할 것이다.

🌸 사회문화

조선조는 농경을 기반으로 하는 유교사회였다. 당시 가장 중요한 사회조직이 있었다면 그것은 친족이고, 친족의 대표적인 것이 문중이었다. 따라서 조선조 사회는 문중이라는 종적 구조와 마을이라는 횡적 구조로 이루어진 사회였다. 문중은 혈연공동체이고, 마을은 지역공동체이다.

혈연공동체인 문중은 동성동본을 단위로 하는 씨족 집단이고, 시조 중심의 도문중과 산하에 중시조를 중심으로 조직된 단체이다. 모든 남자는 중시조가 될 자격을 가지고 태어났으나 업적에 따라 후손들이 그를 중시조로 받들어 문중을 조직하는데, 그 업적에는 새로운 지역으로 자리를 정한 입향조가 있고 벼슬을 높이 하고 학문에 공을 세워 중시조가 된 자도 있다. 선대가 중시조가 될 수 있듯이 바로 후대에도 명인이 되면 중시조가 될 수 있었다. 이러한 파문중의 갈림에서도 한국적인 특색이 있을 수 있으나 보다 한국적인 특성을 잘 보여주는 것이 문중 그 자체이다.

문중에는 반드시 '문장'이 있고 '종손'이 있다. 문장은 연고, 행고, 학고를 고려하여 문중에서 선출하고 임기가 있다. 따라서 문장은 항상 나이 많은 사람이 선정되며 문중을 대표한다. 문장은 유사를 임명하여 문중의 재산을 관리하고 제사를 주관한다. 문장과는 달리 출생으로 정해지는 것이 종손이다. 종손은 종가에 거주하며 제사 시 초헌관이 되고 제사를 집행하는 사람이다. 문중이라는 의미 공간 내에 문장과 종손이라는 두 기둥이 있고, 이들이 상호 견제하며 균형을 이루어 나아간다. 이러한 문중의 현상을 일본인 학자들은 한국의 이중성이라 하고, 문장은 화랑의 제도를 계승한 것이고 종손은 중국식 유교 제도를 계승한 것으로 한국식과 중국식의 병존이라 설명하였다. 그러나 이것은 한국식 병존이 아니라 한국식 특성인 '대립과 견제' 또는 '견제와 조화'를 유지하는 것이다.

이러한 '견제와 조화'를 잘 보여주는 곳이 마을이다. 우리나라 지명에 윗마을 아랫마을, 안마을 바깥마을, 동쪽마을, 서쪽마을 등으로 되어 있는 곳이 많다. 이것은 그 두 마을이 상호 경쟁을 하는 것이다. 이러한 두 마을이 상호 경쟁을 하고 대립하는 것보다 더 잘 보여주는 것이 한 마을 내에 존재하는 '대립과 견제'의 양상이다.

구체적인 예로 경상북도 월성군에 있는 양동마을을 보기로 한다. 이곳은 월성 손씨와 여강 이씨가 거주하는 마을이다. 이곳 월성 손씨 종가댁에는 유명한 전설이 있다. 말하자면 그 고택은 세 명의 유명한 사람이 태어날 곳이라는 것이다. 그곳에서 월성 손씨의 우제 손중돈 선생이 태어났고, 여강 이씨 회제 이언적 선생이 태어났다. 이것은 월성 손씨 편의 이야기이다. 말하자면 회제 선생이 유명하여도 월성 손씨의 정기를 받아 출생한 것이기에 회제도 그 근원은 손씨에 있는 것이라는 이른바 근원론의 입장을 표현한 것이다.

특히 회제는 외가댁인 손씨 종가댁에서 출생하였을 뿐만 아니라 조실부모하여 외삼촌인 우제 선생이 아버지의 역할을 하였고, 학문의 스승이었기 때문에 회제보다 우제가 있는 손씨가 우위에 있다는 것이다.

그러나 회제 선생 댁인 여강 이씨 편의 이야기는 우제와 회제 두 분이 모두 불천지위(不遷之位)에 있으나 우제는 이조 5현에 들지 못하고 회제는 동방 5현에 드는 분이기에 격이 다르고 위하려면 회제를 위하여야 된다고 한다. 이것은 근원론에 대한 실체론이라 한다.

월성 손씨가 근원론을 내세우고 여강 이씨가 실체론을 내세우는 것에서 시작하여 두 성씨는 모든 면에서 대립하고 경쟁을 일삼고 있다. 그간 어느 집안이 더 많이 과거에 급제하였고 어느 편이 더 높은 벼슬을 하였느냐 하는 선의의 경쟁을 하여 왔다. 이를 통해 마을이라는 의미 공간에서 유사한 두 성씨가 상호 경쟁을 하면서 하나가 권력을 독점하여 생길 폐단을 미연에 방지하고, 선의의 경쟁을 통하여 발전을 도모하여 나아갔던 것이다.

이러한 현상은 모든 마을에 있다. 양동과 같은 국반 마을에서도 그러하였듯이 양반의 지체가 낮은 토반의 마을에서도 그러하였고, 반촌만이 아니라 민촌에서 그러하였으며, 자기 마을 내에 견제하여 줄 대상이 없는 마을은 이웃마을이 그러한 기능을 해주어 지역 공동체에서 '견제와 조화'라는 문화 문법을 잘 지켜온 것이다.

이러한 문화 법칙은 위에서 본 혈연공동체인 문중에서도 잘 보였고 다른 모든 집단에서 볼 수 있는 것으로 이를테면 가족이라는 집단을 보아도 우리의 전통 가족은 가장인 아버지의 사회적 권리와 어머니의 심리적 권한인 권위로 나누어 가장권을 주부권이 견제하는 제도를 갖고 '견제와 조화'의 문화법칙을 유지하여 왔다.

이러한 문중과 마을, 그리고 가족집단에서 볼 수 있는 '대립과 조화' 그리고 역사에서 말하는 '견제와 균형'은 모두 두 집단의 대립이 상호 견제 작용을 하고 선의의 경쟁을 통하여 발전을 도모하여 온 한국 전통문화의 문화법칙이다. 이는 '대립적 인지구조'로써 한국적 문화문법이 가장 잘 보이는 사회문화일 것이다.

🏵 의례문화

견제와 조화의 문화문법은 생활문화에서도 볼 수 있다. 우리는 신라시대부터 두 패로 갈리어 길쌈을 하고 경쟁하였다. 세시풍속에서 행하는 마을의 축제도 둘로 나뉘어 경쟁을 하는 것이 정상이었다. 줄다리기가 그러하고 고싸움 등 마을 축제가 그러하다. 한국의 놀이가 둘로 나뉘어 경쟁하는 것을 중국 또는 일본과 비교하면 더욱 분명해진다. 일본에서 마을 단위로 행해지는 '마즈리'는 신사에 모셔두었던 마을 수호신을 모셔다 마을을 돌면서 축복을 바라는 것으로 한국식으로 말하면 지신밟기를 하는 것이지 수호신이 경쟁하는 법이 없다. 이와는 달리 중국의 마을 축제인 용신놀이를 보면 수십 마리의 용이 같이 어우러져 노니는 것이지 두 용이 경쟁하는 것은 아니다. 반면에 한국 마을 축제의 특성은 대조되는 두 무리가 경쟁을 하는 법칙이다.

　이러한 놀이에서 보여주는 대립과 경쟁을 통하여 견제와 조화를 이루려는 구조는 관혼상제라는 통과의례에서도 볼 수 있다. 이곳에서는 힘들고 어려운 관문 통과의 어려운 과정에 해학을 가하여 긴장과 해학을 통해 어려운 고비를 넘기는 지혜가 있다. 예컨대 전통적인 장례에서 소렴을 시켜 출상 준비를 끝내고 상여놀이를 한다. 상여놀이는 농담과 익살로 상주를 웃게 하고 상여 준비의 완료로 상주를 안심시키는 장이기도 하다. 상여놀이에 해당하는 해학부문이 더 많이 남아 있는 것으로 한반도 남단에서 볼 수 있는 곱추놀이다. 상가에서 염습을 끝내고 입관한 후 정식으로 고풀이를 행한다. 길게 늘어진 광목의 마디마디를 풀면서 저승으로 가는 길에 세상사의 매듭을 다 풀고 가라는 의식이다. 이어 곱추가 상주 앞에서 익살을 부리는 것이니 이것은 망인의 은덕과 상주의 회심을 웃음으로 풀어주는 뒤풀이인 것이다.

　어려운 긴장을 해학으로 풀려는 장면을 가장 잘 표현하는 것이 혼례식이다. 원삼 족두리로 단장한 신부도 그러려니와 사모관대로 치장한 신랑도 관복을 입을 때부터 관복을 벗을 때까지 말을 하면 안 되고 웃어도 아니 된다. 이러한 긴장된 상태에서 신랑은 혼례상 동쪽에 서서 신부가 나올 때까지 기다려야 된다. 이때 혼례상을 둘러싼 관객들이 신랑을 웃기느라 갖은 농과 심지어 험담까지 한다. 그러나 신랑은 웃어서도 아니 되고 대꾸하여서도 아니 된다. 이러한 소란스러운 광경을 본 일본인이 한국인은 엄숙하여야 할 혼례식에서 무질서하고 난잡한 광경을 연출한다며 한국인을 야만인이라 평하였다. 그러나 이것은 일본인이 어렵고 힘든 과정을 해학으로 넘기는 지혜를 모르고 한 말이다.

긴장과 해학을 동시에 연출하는 한국인의 지혜야말로 엄숙하게만 진행되는 일본식보다 한 차원 높은 것이라 인류학자들은 말한다. 긴장과 해학은 대립과 견제의 원리를 집단적 의식에서 표현한 사례라 하겠다. 이것이야말로 한국적인 의례구조의 특성이 된다. 말하자면 의례문화에서도 한국적인 대립적 인지구조가 잘 표현되어 있다.

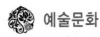 ## 예술문화

예술문화에서 볼 수 있는 대립적 인지구조를 최종민 교수는 '화(和)'라고 하였다. 한국의 농악을 보면 각 악기뿐만 아니라 같은 악기끼리도 음악이나 동작을 해나가는 데 있어서 서로 독립성을 유지하면서 전체적인 음악을 만들어 간다는 것을 알 수 있다. 농악에 있어서 각 악기간의 관계는 전체가 농악을 만들어 간다는 같은 특성을 가지면서도 각 악기마다 각 연주자가 각기 개성을 살리면서 자유롭게 최선을 다하여 음악을 만들어 가는 그런 관계이다. 이런 것을 잠정적으로 '농악의 얼개'라고 해 두자. 농악에서의 얼개를 합주곡에서 최종민은 '화'라고 하였다. 평조회상(平調會上)은 합주로서도 유명하지만 그 합주 중에서 대금이나 피리 단 한 가지 악기만 끄집어내어 독주를 해도 훌륭한 독주곡이 된다. 이것이 '화'가 전체의 조화 통일뿐만 아니라 그 속에 있는 독자성도 살리고 있는 미학과 관계가 있는 현상이라고 하였다.

가곡은 성악을 떼어내고 기악만 해도 합주음악이 되고, 가곡 반주음악 중에서 한 개의 악기만 떼어내어 따로 연주해도 멋진 독주음악이 되며, 두 개의 악기를 떼어내어 따로 연주해도 멋진 병주(並奏)가 된다. 이것은 서양 합주에서는 상상하기 어려운 현상이다. 서양음악의 합주는 오로지 합주했을 때에만 음악이 되는 것이지 그것을 한 파트만 연주해 가지고는 음악이 되지 않기 때문이다. 우리 음악은 '화'의 사상과 같이 개별성과 전체성이 동시에 독립성을 갖지만, 서양음악은 화성의 방법과 같이 전체성의 틀 안에서 개별의 독립성은 소멸되어 버린다.

서양음악의 합주가 반드시 지휘자를 필요로 하는 것도 같은 방식으로 설명이 가능하다. 서양음악의 합주는 지휘자의 음악이다. 연주자 한 사람 한 사람의 독자성은 문제가 되지 않는다. 지휘자의 필요에 따라 도구 노릇을 할 뿐이다. 그러나 우리나라의 합주는 그렇지 않다. 합주에 지휘자가 없다. 직접적으로 연주 도중에 간섭하는 조례는 전혀 없다. '풍류' 연주에서 주자들이 그토록 느린 '상영산' 같은 데서도 서로의 호흡을 합일시키면서 지휘자 없이 음악을 이어 나간다. 연주하면서 서로 쳐다보는 법도 없다. 각자가 자기의 자리에 단정히 앉아 참선하는 수도승마냥 느리디 느린 음악을 독자적으로 연주해 나갈 뿐이다. 그런데 그것이 기막힌 조화와 통일을 이루면서 합주가 되니 정말 신기할 정도이다.

음악 때문에 조화를 이루는 것이라기보다, 먼저 인간적으로 합일되기 때문에 이런 음악이 이루어진다고 보는 편이 옳겠다. '풍류'하는 그들의 모습, 그것이 우리 음악에서 '화'가 이루어지는 모습이다. 그 안에서 '화'의 의미에서 지적한 여러 가지 '화'의 내용이 거의 다 음악으로 표현되고 있다. 한국의 전통음악 합주에서의 어려움은 조화 통일이라는 의미가 있고, 개별성과 전체성을 동시에 가지며, 철저한 주객일치의 주체성에 그 뿌리를 두고 있다고 한다. 말하자면 최종민의 '화'는 조화를 말하는 것이고 조화는 견제에서 조성되는 것이기에 음악에서의 화는 대립적 인지구조를 음악에서 표현한 것이 된다.

우리의 역사 속에서 그리고 전통적인 사회문화나 의례문화 속에서 한국적인 문법인 대립적 인지구조를 찾는 것은 우리의 대중문화나 음식문화가 세계화를 하여 가는데 정신적인 뒷받침이 되기 위함이다. 세계화하여 가는 한국 문화의 요소들에 통일성을 기하기 위하여 한국 전통문화의 문법이 필요하다. 전통적인 문화가 중심이 됨으로써 개별적인 문화들이 유기적인 관련을 갖고 종합적인 힘을 발휘할 수 있다. 또한 전통문화를 현대문화에 접목시키려는 것은 현대문화가 보다 명확한 방향감각을 갖게 하려는 것이다. 세계화하여 가는 대중문화, 음식문화 심지어 놀이문화까지도 전통문화에 접목함으로써 뚜렷한 목적의식을 갖게 되는 것이다.

🌸 새로운 문화영역

우리의 전통문화에서 볼 수 있는 '경제와 조화' 또는 '화'는 국제화 시대가 추구하는 최종의 목표가 아닌가 생각된다. 먼 훗날 세계인이 필요로 하는 가치와 의식을 우리는 이미 우리의 전통문화에서 수백 년 동안 가꾸어 온 것들이다. 이것을 보여주기 위하여 우리의 농경사회에 가졌던 농악이나 민속놀이로 표현할 것이 아니라, 현대적인 도구로 표현하여야 하는 것이다. 그 한 예가 백남준의 '비디오아트'이다.

코리아니티를 역설한 구본형 소장은 현대적인 경영의 성공 사례로 얼마 전에 타계한 백남준 씨를 거론하였다. 백남준 씨는 서구 문명에 때 묻지 않은 한국적 순수성을 간직한 채로 국제적 예술세계에 뛰어들어 서구인들이 미처 발견하지 못한 테크놀로지의 예술성과 조우하고 '비디오아트'라는 새로운 장르를 창조했다. 비디오아트를 전개하는 과정에서 '거북

선', '한국의 방', '종로구', '눈먼 부처' 등 다양한 주제를 통해 한국적인 상상력을 아낌없이 펼쳐 보였다. 이렇게 한국적인 것을 보편화하고 '세계적 보편성을 한국화'하는 통합 전략을 통해 자신만의 특화된 차별성을 일궈 낸 것이 백남준의 성공 비결이라는 이야기이다(한국일보 2006. 2. 6).

세계화에 공헌할 수 있는 것은 예술의 문화 상품이나 경제 상품만이 아니다. 우리의 모든 것을 고급화하고 상품화하여 세계 시장에 내놓을 수 있다. 최근의 예로 태권도와 새마을운동을 들 수 있다. 새마을 운동은 중국을 위시하여 동남아시아의 나라들이 한국을 찾는 중요한 아이템이 되어 있다.

1980년대 초반 아프리카 토고에서 사업을 하다 지금은 베트남에서 봉제공장을 운영하는 연창수 씨는 "아프리카에 태권도가 알려지면서 한국 사람이 대접받기 시작했다"고 회상했다. 당시 미주와 아프리카 등지에 해외 선교를 나선 한국인들은 태권도를 앞세워 현지인들의 마음을 사로잡았다. 그는 "이제는 한국 드라마와 상품이 태권도의 뒤를 잇는 것 같다"며 "한국 드라마와 한국 상품을 체험해 본 베트남 사람들은 한국을 미국, 프랑스, 일본 등과 어깨를 나란히 하는 선진국으로 인정한다"고 말했다

장차 한국이 수출상품으로 생각하고 가꾸어야 할 분야는 태권도와 새마을운동이다. 조명구 유엔 거버넌스센터 원장은 말하기를 "유엔 사무총장을 배출한 나라이고, 경제발전을 함께 이룬 모범 사례로 평가받고 있는 나라인 만큼 거버넌스를 바탕으로 국제사회에 기여할 수 있는 방법이 많다"고 강조하였다. 그가 가장 주목하는 게 새마을운동이라 한다. "시민의 자발적 합의로 정치, 경제의 발전을 이루어냈다는 점에서 새마을운동이야말로 "거버넌스의 훌륭한 사례"라고 말하였다. 많은 개발도상국은 일반적 지원만을 받다 보니 피동적으로 도움을 기다리고만 있는데 그들에게 새마을운동 정신을 전파하는 게 중요하다고 하였다.

지난해엔 콩고민주공화국에서 새마을운동을 도입해 성공한 사례도 있다. 한국에 고고인류학을 공부하러 왔다가 우연히 새마을운동을 접한 은꾸무가 주인공이다. 한국정부에서 받은 지원금 3,500만 원으로 현지 주택을 개조하고 공동우물을 보수하며, 유휴지 공동 개간 사업을 전개하여 농가 소득을 끌어 올렸다. 올해 5월 아프리카 카메룬에서 열린 아프리카 지역개발 장관급 회의에서 새마을운동이 소개되었다. 12월에는 에티오피아에서 콩고, 탄자니아, 짐바브웨 등 5개국 관료들과 워크숍을 열 예정이다. 내년 상반기에는 국가 지도자급 인사를 한국으로 초청할 계획이다. 그는 "도움을 받은 만큼 이제는 베풀어야 할 때"라고 거듭 강조한다(중앙일보 2008. 10. 24).

태권도는 한류 이전에 한국 교민들이 새 천지를 개척하는 데 큰 공헌을 한 영역이다. 미국 등 서구 문화권에 진입할 때 그러하였고 중동과 아프리카를 개척할 때도 그러하였다. 수많은 현지인들이 한국어 호령에 따라 일사불란하게 움직이는 것을 보면 대견스러워 보인다. 태권도는 특히 위정자를 경호하는 요직에 있는 사람들에게 전파되어 한국의 위상을 높이는 데 더없이 공헌하였다. 오늘날 새마을운동이 특히 중국, 동남아시아, 아프리카 등지에서 인기가 있으며 한국을 선진국으로 우러러 보는 귀중한 항목이 되어 있다. 우리는 새마을운동을 좀 더 체계화하여 한국 문화의 세계화에 앞장을 서야 한다. 그리고 태권도를 통일하여 태권도의 종주국 노릇을 하여야 한다. 이러한 모든 세계화의 주제들이 경제 발전과 종합적으로 세계화를 추진하여야 하고, 이것이 전통문화와 융합이 되었을 때 보다 힘찬 모습으로 전파되어 갈 수 있다.

제 5 장

결 론

결 론

　서유럽 이외의 지역에 있는 모든 나라들이 달성하려는 근대화란 경제적인 산업화와 정치적인 민주화를 의미한다. 이런 의미에서 한국은 제2차 세계대전 이후 식민지에서 해방된 나라로 이른바 산업화와 민주화를 이룩한 유일한 나라다.

　한반도가 일제에서 해방되고 남북으로 분단된 것은 한민족의 의지로 이루어진 것이 아니다. 한민족에게 주어진 조건과 상황은 북한에 소련을 지지하는 조선민주주의 인민공화국과 남한에 미국을 지지하는 대한민국을 수립하는 수밖에 없었다. 해방으로부터 건국까지의 사이는 오히려 북한이 유리하였다. 북한은 소련으로부터 일사불란한 명령체계를 이루었고, 지주와 기독인, 말하자면 불순분자를 남한으로 내쫓고 유리한 조건에서 나라를 건설하였으며 군대를 양성할 수 있었다. 그러나 남한에는 일본, 중국 그리고 동남아시아에서 몰려오는 귀향 동포에 북한에서 몰려오는 난민을 모두 수용하여야 했으며, 더구나 정치적인 안정을 서둘러야 할 미군정은 무능하여 혼란이 가중되었다. 더욱이 불리하였던 것은 미군정과 한국의 지도자 사이에 괴리가 있었고, 한국 지도자 사이에서도 의견의 일치를 보지 못한 것이었다.

힘들고 불리하며 어려운 조건에서도 한국은 역사적인 공화국을 건립하였는데, 이것을 '제1의 건국'이라 한다. 이것은 한인들이 처음 가져보는 주권 제민의 민주공화국이었다. 당시 한국은 전형적인 농업 국가였기 때문에 자유시장경제체제가 맞지 않았으며 왕조의 경험이 오래되어 국민은 나라님의 신민(臣民)이라는 의식 밖에 없었다. 그러나 건국의 지도자들은 혁명적인 의식으로 새로운 국민의 나라를 만들었으니, 대한민국의 탄생은 잘된 것이었고 이러한 대한민국의 국민이 된 것은 참으로 다행스러운 일이다. 자유시장경제체제를 기반으로 하는 제1공화국은 다음에 올 경제발전의 기틀을 마련한 것이다.

제1건국을 시작으로 갖기 시작한 국민의 의식은 한국전쟁을 계기로 강화되어 갔다. 국민의식의 강화는 외국과의 전쟁에 의하여 강화되는 것인데, 이러한 중요한 국민의식 강화의 작업을 같은 동족인 북한 동포와의 전쟁을 통해 거친 것은 민족의 비극 중의 비극이었다. 동족 간의 전쟁이었기에 민족 간의 적개심은 다른 민족과 싸운 것보다 더 강하게 작용했다.

칠십 평생을 해외에서 독립을 위하여 헌신하였고, 건국의 국부이며 한국전쟁 시 국민의 유일한 의지처이던 이승만 대통령이 부정선거에 의하여 정권을 연장하려는 부정을 노출시키자 정의를 학습한 학생들이 목숨을 내걸고 항전하였으며 급기야 대통령의 하야를 보게 된다. 카리스마적인 대통령을 하야시킨 4·19는 민주국가의 첫 시련이며 학생에 의한 위대한 혁명의 효시가 된다.

해방 후 한국이 이룩한 가장 혁혁한 발전은 경제 분야에서 볼 수 있다. 경제 건설은 '제2의 건국'이라 할 수 있다. 궁핍으로부터의 해방을 표방한 박정희 정권의 제3공화국은 경제개발 5개년계획을 수립하고, 수출을 목표로 하는 경공업을 발전시켜 1차와 2차의 5개년계획을 순조롭게 추진하여 갔다. 경제 건설이 성공할 수 있었던 것은 국민을 선도하는 지도자와 교육수준이 높은 양질의 국민이 있었으며, 이들이 혼연일체가 된 결과였다.

2차에 걸친 계획경제에 자신을 얻은 정부는 3차 5개년계획부터 중화학공업을 발전시켜 공업국으로서의 기반을 구축하여 갔다. 정부는 의도적으로 재벌을 육성하여 자본주의 체제를 완비하였고 세계에 유래가 없는 경제성장을 이룩하여 갔다. 다행히 천운이 있어 한국은 석유파동으로 인한 경제적인 수난기를 맞으면서도 중동의 건설 경기에 편승하여, 어려웠던 석유파동의 경제위기 속에서도 고도성장을 거듭할 수 있었다. 경제발전을 선도하던 박정희 대통령은 서거하였으나, 중화학공업을 완성하여 단단한 경제 기반을 조성하여 세계 10대 경제 강국이 될 수 있는 기반을 마련하였다.

2차 석유파동을 경험하면서 한국 경제는 다시 위기에 직면한다. 마이너스 성장으로 전환한 한국 경제를 살리기 위하여 부실기업을 정리하고 금융 자유화, 수출 다변화, 수입 자유화 등을 실시하여 한편 반도체, 자동차, 컴퓨터 산업, 가전제품, 정보 산업, 항공 산업 등에 치중하여 다시 경기를 회복한다. 이때부터 한국은 약소국과 결손 국가에서 벗어나게 된다.

1980년대 말 물가 상승, 부동산 가격 상승 그리고 임금 상승 등으로 국제경쟁력을 상실할 위기를 맞아 금융실명제 실시와 노동계층에게 적절한 임금을 보장하며, 자본시장을 개방하여 위기를 극복하여 갔다. 한국은 다시 1990년대 금융으로 인한 재정위기를 맞아 IMF 관리 하에 들었으나 국민이 합심하여 금붙이를 희사하고, 재벌은 구조조정을 통해 경쟁력을 회복하여, 5년 만에 IMF 체제를 극복하는 저력을 보여 경제 강국으로서의 면모를 유지하여 간다.

경제 변동이 소용돌이치는 사이 중화학공업의 산업화를 추진하여 온 한국 경제는 여세를 몰아 다음 단계인 후기 산업사회로 진입하여 3대 강국의 위치를 점하게 된다. 후기 산업사회의 산업은 IT, BT, NT, CT와 같은 분야로 정보화 산업에서 한국은 1~2등을 다투는 나라가 되었고, 생명공학에서 최첨단을 이룬 나라가 되었으며, 나노 산업에서도 선두를 달리고 있다. 특히 문화 산업의 중요한 영역인 대중문화에서는 한국이 아시아의 왕자로 군림하며 영화, 드라마, 가요 등을 선도하고, 한국의 연예인은 아시아에서 사랑받는 연예인으로 군림하고 있다. 이제 한국은 선진국일 뿐만 아니라 다른 나라가 부러워하고 따르려는 모범국가가 되었다.

2007년 현재 미국의 금융위기에서 시작한 세계적인 경제파탄의 쓰나미가 닥쳐왔으나 ,한국은 단단한 경제 기반과 여태까지 추진하여 온 위기 극복의 경험을 바탕으로 자신 있게 돌파구를 찾아가고 있다.

전두환과 노태우 정권이 군인 정권으로 박정희의 제3공화국 후기를 담당한 정권이라면, 김영삼 정권은 군정에서 민정으로 넘어가는 과도기 정권이었다. 그리고 김대중과 노무현 정권은 민주정치의 개화기가 된다. 이것을 '제3의 건국'이라 하였다. 그 근원을 1960년대의 4 · 19에서 시작한 민주화 운동이 표면화되었다는 의미에서 개화라 하였으며, 정치적인 민주주의는 이 두 문민대통령에서 시작된다.

이승만 정권을 타도한 4 · 19혁명을 주도한 학생들은 박정희 정권 하에서 무서운 탄압에도 굴하지 않고 을사조약 반대 시위, 6 · 8 부정선거 규탄, 3선 개헌 반대, 4 · 27 부정선거 반대, 유신 반대 등으로 이어지는 민주화 운동의 선봉에 선다. 1970년대 들어 학생운동은 시민운동으로 화하여 1980년대 계속된 반유신투쟁과 반독재투쟁을 통하여 한국에 중산층 시민사회를 형성시킨다. 그리고 1980년대 대두하기 시작한 노동운동은 1990년대 전성기를 맞이한다.

이러한 학생운동, 시민운동, 노동운동이 바탕이 되어 40년간 계속되어 온 민주화 운동은 2000년대 들어 사회 위로 부상한 정치적인 민주화를 이루고자 하였다. 정치적 민주화는 구체적으로는 김대중 대통령이 역사상 처음으로 야당이 선거에 의하여 평화적인 정권 교체를 이룬 데서 표현된다. 그를 이은 노무현 대통령은 경선에 의해 대통령 후보를 선출하는 민주적 방법을 실시하고, 자기보다 더 많은 선거자금을 사용한 반대당을 이기고 선출된 두 번째 대통령이 된다. 노무현 대통령은 모든 대통령의 독점물인 검찰권과 국정원을 독립시킴으로써 한층 투명한 민주정치를 실현하였다는 평을 받고 있다. 그를 이은 이명박 대통령도 선거에 의하여 야당이 여당이 되는 민주정치를 구현했다고 볼 수 있다.

　한국은 '제3의 건국'을 이룩한 나라, 또 한국은 유럽 이외의 지역에서 가장 발달된 민주정치를 하는 나라가 되었다. 그러나 이러한 경제적인 산업화나 정치적인 민주화가 지나치게 단시일 내에 이루어졌기 때문에 외형적인 제도와 국민들의 의식 사이에는 아직 괴리가 있다. 이러한 괴리로 인하여 한국 국민들 중에는 아직 열등의식과 피해의식을 가진 사람들이 있다. 따라서 우리는 경제적인 강대국 국민답게 자부심을 갖고 정치적인 민주화를 이룩한 나라의 국민답게 자긍심을 가져야 한다. 그러기 위해서는 우리의 의식을 선진국답게 갖도록 노력하는 것이 급선무이다.

　의식의 선진화도 늦출 수 없는 것은 우리를 뒤따르는 나라들이 우리에게 선진국답게 행동하기를 바라고, 우리보다 선진국인 미국이 우리를 중요한 선진국 대우를 하고 있기 때문이다. 미국 연방정부는 기회가 있을 때마다 한국을 중국, 일본과 동등하게 동양 3국으로서 존중해 주고 한국어를 미국인들이 배워야 할 동양어로 존중하여 준다. 동남아시아의 ASEAN 10개국이 회의를 할 때면 반드시 한국, 중국, 일본 3국을 초청한다. 이러한 상황에서 우리는 산업화를 빨리 추진한 것과 같이 선진적 의

식화도 서둘러야 한다.

  의식의 선진화를 서둘러 무엇을 할 것이냐 하는 것은 중요한 부분이다. 말하자면 앞으로 보다 선명한 목적의식을 가져야 한다는 것이다. 우리는 일제시대 식민지를 경험한 민족이다. 이러한 민족이 경제 10대 강국, 후기 산업사회 산업의 3대 강국이 된 것은 우리만 잘 살기 위한 것이 아니다. 우리는 우리와 같은 유색 인종에게 희망을 주기 위하여 잘 살아야 하는 것이다. 이러한 목적의식을 달성하기 위하여 우리는 세계무대에서 지도적인 위치에 있는 나라가 되고 국민이 되어야 한다. 이것은 우리의 '제4의 건국'이다.

  제4의 건국이 세계의 지도자가 되기 위한 세계화 단계라면 이 단계에서 우리 해외 동포가 갖는 의미는 절대적으로 크다. 재외동포는 한국어의 세계화를 위하여 큰 공헌을 하였다. 한국어는 한국 문화의 일부이다. 따라서 우리는 해외 동포와 힘을 합하여 한국어를 세계화하는 데 그리고 한국문화를 세계화하는 데 협력하여야 한다.

  문화는 높고 낮음이 없고 유일한 것이며, 민족을 단위로 하는 것이기에 앞으로는 민족이 단위가 되는 문화전쟁의 시기라고 한다. 예컨대 현대 세계를 지배하는 것이 유태인이라고 판단한 중국은 13억의 대륙에 있는 중국인과 6천만 화교의 경제력과 3백만 재미 중국인의 지혜를 합하여 세계를 지배하는 민족이 되자는 '대중화사상'을 내세우고 있다.

  문화를 단위로 하는 민족 경쟁시대 속에서 우리는 세계 170여 개 국가에 800만의 해외 동포를 갖고 있다. 이들 재외동포는 5대양 6대주 없는 곳이 없으나 특히 한국과 중요한 관계를 가진 미국, 일본, 중국 그리고 러시아에 집중적으로 분포되어 있다. 한국이 13억의 중국 그리고 1억 2,000만 명의 인구를 가진 일본과의 사이에서 이들과 경쟁을 하려면 해외에 분산된 동포의 후원이 절대 필요하다. 해외에 흩어져 있는 800만의 능력과 재력을 집중시켜 한국의 발전에 이바지하게 할 때, 한국은 중국과 일본 사이에서 생존할 수 있는 나라가 되고 더 나아가 세계를 선도하는 제4의 건국을 서두르는 문화민족이 될 수 있다.

한국인이 국내에 거주하건 국외에 거주하는 동포이건 문화민족으로서 자부심을 가져야 한다. 한국 문화는 중국 문화의 복사본이 아니며 일본문화에 비하여 열등하지 않다. 오히려 한국은 황하문화, 흑토문화에 뿌리를 둔 중국문화에 앞서는 고대 요하문화에 뿌리를 두고 있으며, 역사시대에는 중국문화를 흡수하여 한국 나름의 고유한 문화를 키워 왔고 이것을 일본에 전달하여 일본문화의 선도적인 역할을 하여 왔다. 이러한 문화민족이기 때문에 해방 후 급진적인 근대화를 할 수 있었다.

우리는 한류와 더불어 '문화전쟁 시대'에 돌입하였다. 문화전쟁의 상대국은 일본과 중국이며 목표는 서양문화를 흡수하는 것이다. 서구문화를 수용하는 데 일본이 우리보다 앞섰으나 그것은 불과 몇 년에 지나지 않는다. 일본은 우리보다 100년을 앞서 명치유신을 이루면서 서구문화를 수입하는 데 전력을 다하였고, 우리는 그들보다 100년이나 늦은 1960년부터 시작하였으나 중화학공업에서 일본을 거의 따라갔으며, 다만 몇 개 분야에서 약간 뒤지고 있을 뿐이다. 후기 산업사회에서는 일본을 앞서는 분야가 많아졌다. 오히려 한류에서 보여주는 대중문화에서는 선두주자가 되어 있다.

이제 문화전쟁의 핵심은 자기 고유문화를 세계화하는 것이다. 현대식 대중문화만이 아니라 음식문화, 놀이문화, 생활문화 그리고 의례문화 등 모든 영역에서 우리는 중국 또는 일본과 다른 한국 고유의 특색을 갖고 있다. 이것은 마치 한복이 중국 의상 그리고 일본 의상과 다른 것과 같다. 이러한 고유의 한국 문화를 세계화함으로써 대중문화와 같이 감각으로 쉽게 받아들일 수 있는 것을 통하여 궁극적으로는 한국 전통문화에 담겨진 한국적인 '견제와 조화' 또는 '대립과 견제'라는 문화 속에 숨겨진 '대립적 인지구조'인 문화법칙을 소개하여야 한다.

우리를 선진국으로 우러러 보는 이웃 나라에 대하여는 서양적인 문화를 흡수하고, 소화한 문화적 외형에 한국적인 문화 문법인 '대립과 견제'에 숨겨진 화해와 협력, 사랑과 양보의 가치관을 함께 전하여야 한다. 마치 제4의 건국의 시작인 오늘의 한류가 일본, 중국 그리고 동남아시아에서 호응을 받는 것과 같이 말이다.

대립과 견제 구조가 포함하고 있는 '화해와 협력' 그리고 '사랑과 양보'의 기본 가치는 한국이 먼 훗날 영국의 토인비(Arnold Toynbee)가 말하는 동아시아 유교문화권 말하자면 중국 그리고 일본과 더불어 이룩한 동북아 공동체를 형성할 때 필요한 가치체계다. 더 나아가 기독교적인 유럽 문명과 회교적인 아랍 문명권을 견제하고 화해하여 세계평화를 이룩하는 데 꼭 필요한 가치관을 가지고 한국을 널리 알려야 할 것이다.

부 록

부 록

필자가 2006년 11월 재외동포재단 이사장직을 끝내고 2007년 3월부터 만1년 간 미국 뉴헤이븐에 있는 동서문화연구소의 소장을 지내면서 30여 회의 초청을 받아 강연을 하였다. 그 중 중요한 연설은 원고로 작성하였으며 그 중에서도 중요한 강연록 다섯 편을 이곳에 기재한다. 내용에 중복되는 것이 있으나, 전체로 보면 개별적인 것이기에 읽어주길 바란다.

1. 재외동포 지도자 여러분에게
2. 현대사회와 한국어 교육의 중요성(뉴욕, 한국문화연구재단, 2007. 8. 25)
3. 자랑스러운 한인 사회로 가는 길(뉴욕, 가정문제연구소, 2007. 7. 28)
4. 한민족의 미래와 한국어 교육(뉴욕, 한국문화원, 2007. 8. 31)
5. 미국을 떠나며(뉴욕, 한국학교협의회 동북지역협의회, 2008. 3. 1)

작년 11월에 재외동포재단 이사장직을 무사히 끝내고 금년 3월에 이곳 뉴 헤이븐에 있는 동암문화연구소(East Rock Institute)의 소장으로 왔습니다. 이와 동시에 재미동포 교육진흥재단 이사장으로 부임하였습니다. 동암문화연구소 소장과 재미동포 교육진흥재단 이사장은 재미동포의 교육을 위한 사업이라는 점에서 엄밀하게 말하면 겸직이 아니라 한 사업의 서로 다른 두 차원이라 생각하고 두 가지를 동시에 수행할 수 있다는 생각에 미국으로 왔습니다. 재외동포재단에서의 경험을 살리고, 재미동포 사회에 조금이라도 공헌을 하고 싶었습니다.

재외동포재단 이사장직을 끝내면서 『못다 이룬 꿈』이라는 책을 출판하였고, 그곳에서도 해외 동포들의 교육문제가 심각하다는 생각을 피력하였습니다. 3개월 남짓 미국에 체류하면서 재미동포의 교육문제가 심각하다는 것을 더욱 절실하게 느꼈습니다. 오늘날 미국 동포 사회가 대 전환기에 있으며 이 전환기를 슬기롭게 잘 넘겨야 다음 단계로 발전하여 나아갈 수 있을 것이란 생각입니다.

재미동포 사회는 백 년의 역사를 갖고 있습니다. 대대적인 이민이 1965년 이후에 시작되었고 1960년대와 1970년대 미국으로 이민 와서 경제적인 기반을 구축한 1세들이 이제 서서히 2세에게 기반을 넘겨주기 시작하는 시기가 도래하고 있습니다. 1세들이 이룩한 눈부신 경제성장이 2세, 3세로 이어지는 동시에 사회적인 상승을 기하여, 다민족국가인 미국에서 한인이 다른 민족의 존경과 선망의 대상이 되어야 합니다.

미국 이외의 재외 동포 사회도 미국과 같은 사정입니다. 일본의 경우 일본 사회 자체가 변화하고 있습니다만, 일본 동포는 2세에서 3세로 넘어가는 과도기이고 한인들이 대거 사회 여러 분야로 진출하기 시작한 시기입니다.

중국과 러시아도 같습니다. 중국의 예를 보아도 그간 1990년에 들어 개방의 물결에 편승하여 한국으로 오더니 이제는 세계 각 곳에 중국 조선족이 없는 곳이 없으며, 무엇보다 중국 내의 대도시가 밀집한 연안도시로 조선족이 집결하고, 한국에서 중국으로 진출한 기업과 협력하여 이미 대기업을 이룩한 중국 조선족의 수도 적지 않습니다. 과거 중국 조선족은 인구이동이 심했지만 이제 안정적으로 사회 상승 작용을 하고 있는 시기입니다.

러시아에도 페로스트로이카 이후 30~40대의 젊은 재벌들이 나오기 시작하여 상당한 재력을 가진 자산가들이 등장하고 있습니다. 그러나 보다 상황이 급한 곳이 미국이 아닌가 생각되어 미국부터 앞으로의 방향을 제시하여 보아야겠다고 생각하였습니다. 미국 한인 사회는 세대교체가 이루어지는 것과 같이 중요한 시기를 맞았습니다. 이는 미국 교육계에서 특히 중국인과 일본인을 상대로 하는 시급한 경쟁 상태인 '문화전쟁'의 시기에 놓여있기 때문입니다.

미국에서 SAT II에 한국어가 채택되어 한국어 학습이 유행하기 시작하였으며, 부시 Grant 2004로 인하여 중·고등학교에서 중국어·일본어·한국어 중 어느 것을 택하느냐 하는 것이 '문화전쟁'의 핵심입니다. 미국 중·고등학교의 80%가 중국어를 선호하고 20%가 일본어를 선호하지만 한국어를 선호하는 곳은 별로 없습니다. 따라서 한국어는 우리 동포들이 어떻게 생각하고 어떻게 행동하느냐에 따라 보급이 되는 것입니다. 애써 미국에 이민 와서 자녀들을 일본어나 중국어를 가르쳐 결국 일본 사람이나 중국 사람을 만드시겠습니까? 한국인의 후손으로 한국인의 정체성을 갖고 한국의 후손으로 떳떳한 사람을 만드시려면 서둘러 중·고등학교에 한국어 강좌를 개설하여야 합니다.

제가 미국에 와서 들은 가장 충격적인 말을 전해 드리겠습니다. Missori 주 St. Louis에서 만난 고등학교 교사 Sendra Cox라는 분의 이야기입니다. 이 분은 공군 장교의 부인으로 남편 따라 한국에 있는 동안 한국어를 공부하였고, 미국으로 돌아와서는 대학에서 한국어를 전공하였으며, 사물놀이를 배워 한인들 행사가 있으면 한인들과 같이 북을 치며 사물놀이를 하는 분입니다.

이 분에게 내가 미국 온 목적을 설명하였더니 비웃으며 하는 소리가 한국인처럼 교육열이 강한 사람이 없다고 했습니다. 그런데 고등학교의 세계사 300페이지가 넘는 분량에 중국 것이 약 10페이지, 일본 것이 약 2페이지 그리고 한국에 관한 것은 겨우 한 페이지로 동남아시아 여러 나라들과 같이 실려 있고, 그것도 1950년 한국전쟁이 발생하여 미군이 가서 도와주었다는 구절 밖에 없다고 했습니다. 한국 200만 재미동포들, 특히 교육열이 강해 자녀가 학교에서 무엇을 배워 오는지 아는 학부모들마저 그것을 알고도 가만히 있는데 당신 혼자서 무엇을 한다고 중·고등학교에 한국어 반을 개설하는 운동을 하느냐고 비웃는 것이었습니다. 참으로 큰 충격이 아닐 수 없습니다.

미국에서 전개되고 있는 한국 관계 교육은 별첨한 자료에 상세히 기록하였습니다. 간략하게 소개하면, 현재 미국의 91개 대학에 한국어 강좌가 개설되어 있습니다. 그 중 반 이상이 최근 5~6년 사이에 한국어 강좌만 개설한 학교들입니다. 그러나 대학은 자체적으로 학문과 장래성 등을 고려하여 유연하게 한국어과를 증설하거나 폐지할 것이며, 이것에 관여한다면 한국 정부가 고등교육정책에 의하여 미국에 충고와 언질을 줄 수 있는 문제라 생각합니다.

한국어 진흥재단의 집계에 의하면 현재 미국 중·고등학교 65개교에 한국어 강좌가 있으며 이들의 대부분인 49곳이 LA에, 11곳이 뉴욕에 있다고 합니다.

이들의 내용을 보면 네 가지 종류가 있습니다. 하나는 Heritage Education이라 하여 1.5세나 2세에게 한국어를 가르치는 것이고, 다른 하나는 Native Language Arts(NLA)라 하여 이민 온 지 얼마 되지 않아 영어가 서툴고 한국어를 잘하는 학생들에게 모국어를 잊지 말고 계속하라는 취지에서 개설한 한국어 반이 있으며, 그리고 Dual Language Education이라 하여 한국어와 영어를 동시에 수업하는 프로그램이고, 마지막으로 완전히 외국인을 대상으로 하는 한국어 수업이 그것입니다.

이들은 모두 수년 사이에 시작된 것으로 뉴욕의 경우 모두 2년 전에 시작한 것들이 대부분입니다. 그리고 일본어, 중국어가 경쟁을 하고 있습니다. 뉴욕의 명문 고등학교 Stuyvesant 고등학교의 이지선 교사의 간곡한 사정 이야기를 별도로 첨부하였습니다. 이것을 요약하면 일본어는 위로부터의 압력에 의하여 시작되었고, 중국어는 교민들의 성원과 협력으로 이루어졌다고 합니다.

중·고등학교가 왜 문제가 되느냐 하면 초등학교를 다니는 한국 어린이들이 어머니의 성화로 주말학교인 한국학교는 다니지만 중학교만 들어가면 학교에서 과외로 하는 운동이나 행사참여 등을 이유로 한국학교를 다니지 않아 곧 한국어를 잊어버리고 고등학교 3학년이 되어서야 SAT II

의 한국어를 시험 보기 위해 허둥지둥하게 됩니다. 따라서 초등학교 수준에서 한국학교를 다닌 학생이 중·고등학교에서 한국어를 계속 배우려면 중·고등학교 과정에 한국어가 있어야 합니다. 그리고 무엇보다 미국이 이중 언어 교육을 강조하기 때문에 중·고등학교에 한국 학생이 많이 다니면 학부모회가 한국어 반 신설을 요구할 수 있는 것입니다.

초등학교 수준의 어린이가 한국어를 공부하는 주말 한국학교는 현재 전국에 1,001개교가 있습니다. 그 중에는 학생이 수백 명인 큰 학교도 있고, 50명이 미달하는 작은 학교 그리고 운영이 어려운 학교도 있습니다. 그러나 한국학교는 교회가 운영하는 학교, 교민들이 자체적으로 운영하는 학교 등 다양하며 그간 20~30년의 경험이 있는 학교 등이 궤도에 올라와 있습니다.

문제는 중·고등학교에 한국어 반을 신설하는 것입니다. 이것을 위하여 재미동포 전원이 합심하고, 특히 지도자가 되는 분들이 솔선수범하여 거주하는 지역의 중·고등학교부터 전략을 세워 한국어 반을 신설할 것을 부탁드립니다.

이에 대한 전략은 이런 것이 있을 수 있습니다. 거주하는 곳에 한국 학생이 많이 다니는 학교를 목표로 지역 유지들이 후원회를 조직하고 학교 학부모회를 조직하여 학교에 한국어 강좌를 신설하도록 탄원서를 제출하는 것입니다. 학교는 탄원서를 받으면 일단 심의를 하고 교육청에 문의할 것입니다. 그것이 부시 Grant 2004에 해당하는 것입니다. 탄원서를 받고 그것을 거부하려면 탄원서보다 더 정당한 이유가 있어야 합니다. 그래야 학교가 가볍게 거부하지 못합니다. 문제는 한국어 교사입니다. 이것도 뉴욕의 경우를 들어 말씀드리면, 벌써 1.5세, 2세의 교사들이 나오기 시작하였습니다. 사람은 구하면 될 것으로 생각됩니다. 문제는 동포 여러분이 '문화전쟁'이라는 위기의식을 가지고 어떻게 하던 한국어 강좌를 우리 지역 중고등학교에 신설하겠다는 의지입니다. 이것은 경비가 많이 드는 것도 아닙니다.

중국과 일본이 유리한 입장에 있다 하여도 중국이나 일본 동포가 우리 동포와 같이 전 미국에 고루 있지 않고, 우리처럼 국제 결혼한 부인, 입양아 부모 그리고 참전용사와 같이 한국을 극진히 사랑하는 사람들이 많이 있는 것이 아닙니다. 국제 결혼한 부인의 미국인 남편 그리고 그의 후손들이 적극적인 모습을 보이고 있고, 입양인 부모들 중에 중·고등학교 교사가 많이 있습니다. 이들의 힘과 지혜를 한곳에 모아 중·고등학교에 한국어 반을 개설한다면 한국인만큼 유리한 조건을 가진 민족이 없을 것입니다.

앞으로 10년, 재미동포들이 하나가 되어 미국 중·고등학교에 한국어 반을 신설하는 데 총력을 기울여 주시기를 진심으로 기원합니다.

감사합니다.

현대사회와 한국어 교육의 중요성

🏵️ 현대 사회

오늘날 과학과 통신기술이 발달하여 국가의 개념이 약화되고 세계가 한 생활권에 있게 되었다. 어디에서 발생하는 사건이라도 즉시 전 세계에 전파되어 마치 자기 옆 마을에서 일어난 사건인 양 텔레비전을 통하여 현장의 모습을 생생하게 볼 수 있다. 한편 경제가 발달하면서 물품과 자본, 그리고 기술 등이 국경을 초월하여 물 흐르듯이 흘러가고 경제적인 입장에서 국경의 개념이 없어진 지 오래다. 특히 과학과 기술이 그러하고, 인간의 흐름 또한 국경을 넘어 단기 여행하는 사람에서 직장을 구하여 이동하는 사람, 정년을 마치고 다른 나라에 가서 사는 사람 등 연간 수천만 명이 지역적인 이동을 하고 있다.

현대 사회의 특징을 가장 잘 보여주는 것이 다국적 기업일 것이다. 미국이나 유럽의 많은 회사나 한국의 유명한 대기업의 경우를 보면, 회사는 한국에, 연구소는 유럽에, 공장은 동남아시아에 그리고 판매소는 세계 수십 곳에 산재하고 있다. 연구소나 사무소도 몇 개 나라에 있고, 공장도 수십 곳에 있다. 복잡한 기계를 가진 비행기도 그러하지만 심지어 자동차도 수만 개의 부품을 갖고 있으며, 부품공장이 여러 나라에 분산되어 있어 본 공장은 여러 곳에서 온 부품을 조립하는 곳에 불과하다.

오늘날 단일민족이 단일국가를 형성하고 있는 곳은 아마 일본과 한국뿐이 아닌가 생각된다. 모든 나라는 다민족국가이다. 다민족국가는 여러 민족이 섞여 살며 국가를 이루고 있는 민족들이 공생을 도모하여야 한다.

미국의 예가 그러하다. 120여 민족이 공생하는 미국에서 한인들은 빨리 미국의 주류 사회에 진입하기 위하여 노력하여야 하고, 한국 문화나 한국어를 고집할 필요가 없을 것으로 생각하기 쉽다.

그러나 미국의 경우 그러하지 않다. 미국이 제2차 세계대전을 승리로 이끌고, 전후 냉전시대를 경과하기 시작할 때까지만 하여도 미국은 '용광로 이론(melding pot theory)'이 지배적이었다. 이것은 세계 어느 나라에서 유입되어 미국에 오면 교육이라는 용광로를 통하여 새로운 미국인으로 탄생한다는 이론이다. 따라서 어느 민족이건 미국에 유입되면 하루빨리 미국인이 되어야 한다. 그러나 미국이 월남전을 경험한 1970년대부터 용광로 이론 대신 '샐러드 볼 이론(salad bowl theory)'이 대두되었다. 이것은 미국에 온 모든 민족이 자기의 문화와 언어를 유지하여 자기의 맛을 잘 내게 하는 것이 미국이 취할 정책이라는 것이다. 이것은 미국이 오케스트라의 지휘자가 되겠다는 것으로 모든 민족이 고유한 악기의 음을 제대로 내고 이것을 조화롭게 하는 것이 세계를 지배하는 미국이 할 역할이라는 것이다.

최근 재미동포들이 많이 경험할 것이다. 한국에 지점을 낼 회사들은 한국어는 당연히 잘하는 것으로 알고 한인 2세들을 채용했다가 한국어를 못하는 것을 보고 모두 놀란다. 때문에 미국의 국무성에서는 한인 2세를 선발하여 한국에서 1년간 한국어를 배우게 하는 프로그램 'Flagship program'을 진행하고 있다. 이에 매년 10여 명의 한인 2세들이 고려대학교에 와서 한국어를 배우고 간다.

 ## 미국의 한국어 교육 현황

미국에서는 1996년 SAT II에 한국어를 추가하였다. 한국어가 SAT II에 채택이 되었다는 것은 재미동포는 물론 전 세계에 분산된 8백만의 해외 동포 그리고 한국에 있는 한국인까지도 모두가 기뻐하여야 할 일이다. 이 것은 한민족이 이 지구상에 삶을 영위하기 시작한 이래 세종대왕의 한글 창제에 버금가는 재미동포들의 공헌이라 하겠다. 미국에서 SAT II에 한국 어를 채택한 데 이어 호주, 일본이 한국어를 순응고시에 채택하였고, 영국 에서도 한국어를 대학 입시를 위한 순응고사에 채택하였다. 말하자면 한 국어는 이제 국제적인 언어에 편입된 것이고, 세계가 인정하는 중요한 언 어가 된 것이다.

또한 부시 대통령이 Bush Grant 2004를 발표하면서 미국의 중·고등학 교에 6개 외국어를 추천하였다. 그 중에 한국어, 중국어, 일본어가 있다. SAT II와 달리 중·고등학교에서 어느 한 언어를 선택하면 다른 언어는 배울 필요가 없다. 미국 중·고등학교에서 자국어 채택을 위해 한국, 일 본, 중국이 총 없는 전쟁, 즉 문화전쟁을 하고 있다.

국제적인 언어로 인정받는 한국어가 실제 미국 내에서 어떻게 이루어 지고 있는가를 살펴보면 국제교육진흥재단에서 파악한 바로는 현재 미국 91개 대학에서 한국어와 한국학 전공과정을 갖고 있다고 한다. 이들 대학 중 약 과반수의 학교가 최근 5~6년 사이에 한국어 강좌를 개설하였고, 한국어 강사 2~3명을 채용하고 있다. 이것은 한국학이 최근에 미국에서 활발히 연구되기 시작하였다는 것을 말하는 것이다.

미국 중·고등학교의 경우, 전국 65개교에서 한국어 강좌가 개설되고 있다. 이들의 대부분은 LA에 집중되어 있고 뉴욕에 11개교, 시카고에 2개교, 시애틀에 3개교 그리고 6개 주에 1개교씩이 있을 뿐이었다. 뉴욕에서 파악한 바로는 미국 중·고등학교의 한국어 프로그램은 4가지 종류가 있었다. 첫째가 Heritage program이다. 이것은 1.5세, 2세 등 한국어를 못하는 한국계 학생에게 가르치는 것이다. 둘째는 Native Language Arts(NLA)라 하여 중·고등학교에 미국으로 이민 와 영어보다 한국어를 잘하는 학생이 자기의 모국어를 잊지 말자는 뜻에서 한국어를 수강하는 것이다. 셋째는 Dual Language program이라 하여 한국어와 영어를 동시에 수업하는 것이고, 넷째는 Foreign Language program이라 하여 외국인을 위한 한국어 강좌가 있다. 이들 프로그램의 대부분도 최근에 시작한 것으로 특히 부시 Grant 2004 이후에 활발해진 것들이다.

가장 오래되고 확고한 기반을 가진 곳이 주말에 실시하는 한국학교다. 한국 교육원이 파악하고 있는 주말 한국학교의 수는 1,001개교로 교원 수가 8,759명 그리고 학생 수가 5만 5,184명이라 한다.

동북부 지역협의회의 자료에 의하면 Connecticut, New York 그리고 New Jersey를 포함하는 이곳에 180개 한국학교가 있고, 그 중 65%가 넘는 123개교가 50명 이하의 학생을 갖는 소형 학교다. 학생 수가 50명 이하인 소형 학교나 100명 이상인 대형 학교나 자체적으로 잘 운영이 되고, 협의회를 중심으로 학유회 그리고 각종 경영대회를 진행하며 나름대로 10년 또는 20년 이상의 역사를 가진 학교들도 있다. 이런 의미에서 한국학교는 기반이 잡혔고 잘 운영되고 있다.

이상 세 단계의 교육기관을 보았을 때 문제는 한국학교의 한국어 교육과 중·고등학교의 한국어 교육, 그리고 이것을 대학에서의 한국어 교육과 어떻게 연계시키느냐 하는 것이었다. 중·고등학교에 한국어 강좌가 개설된 지 얼마 되지 않아 한국어 교육의 연계문제를 빠른 시일 내에 정리하여야 할 것이다. 무엇보다 시급하고 중요한 것은 미국의 중·고등학교에 한국어 강좌를 확대하여 나아가는 것이다. 왜냐하면 한국학교와는 달리 중국어, 일본어와 경쟁하여야 하기 때문이다. 미국은 현재 중국 선호 열풍이 불어 모든 중·고등학교에서 중국어 강좌의 개설을 요구하고 있지만 한국어 강좌의 개설을 서두르는 곳은 없다. 미국 중·고등학교에 한국어 강좌를 개설하는 것은 한국인이 어느 정도의 성의와 열의를 갖고 서두르느냐에 달려 있다.

교사의 역할

미국은 한국어를 높이 평가하여 SAT II에 채택하고 부시 Grant 2004에 추천하였다. 오히려 이민을 일찍 온 한국인이 한국어를 경시하는 경향이 있다. 미국에서 한국어를 지키고 발전시키는 것은 한국학교에서 한국어를 담당한 선생님들의 몫이다. 한국학교 한국어 선생이 한국어 지킴이가 되어야 한다.

한국어 지킴이로서의 역할은 첫째, 재미동포들에게 한국어의 중요성을 전파하는 일이다. 한국학교에 나오는 학생이 취학 연령에 있는 학생의 15%라 하니 우선 부모들을 설득하여 보다 많은 학생이 한국어를 배우게 해야한다. 한국학교에 학생 보내기를 주저하는 학부모들에게 장차 한국어가 얼마나 중요한 역할을 할 것인지를 계몽시키는 데에도 앞장을 서야 한다. 장차 미국은 영어만을 할 줄 아는 사람보다 이중 언어에 능한 사람을 구하고 있기 때문이다.

둘째, 한국어 교사는 무엇보다 어린이에게 모범이 되어야 한다. 한국어를 배우고 싶지 않은 어린이에게 한국어를 배우고 싶은 마음이 생기도록 유도하여야 하고, 선생님과 같은 훌륭한 사람이 되기 위하여 한국어를 배우겠다는 생각이 들게 하는 것이 교사들의 역할이다.

셋째, 한국어 교사는 우리나라 말을 가르치는 것이므로 한국어를 아는 사람은 누구나 할 수 있는 쉬운 것이라는 의식을 버려야 한다. 또한 한국어를 정확하게 가르치도록 노력을 하여야 할 것이다.

넷째, 한국어 교사는 한국어만을 가르치는 어학 선생이 아니다. 한국어를 통하여 한국 문화를 전달하고, 한국 문화를 이해하게 하며, 한국 문화를 통하여 한국인의 정체성을 확고하게 갖도록 하는 것이다. 한국어는 단지 수단에 불과하며, 교육의 목적은 어디까지나 학생들이 한국인으로의 자부심과 긍지를 갖게 하는 것이다.

한 사회에서 차세대에게 문화를 전달하는 사람은 가정의 부모와 학교의 교사다. 한국의 경우 이것이 가능하다. 그러나 미국 같은 이민 사회의 경우, 이민 온 부모가 경제적인 기반을 구축하기 위하여 직장에 전념하기 때문에 자녀에게 가정교육을 시킬 여유가 없다. 따라서 학교의 교사가 부모의 역할까지 담당하여야 한다.

한국학교 교사의 한국어와 한국문화의 지킴이 역할은 막중한 것이다. 장차 재미동포 사회가 어떻게 발전할 것인가는 교육을 담당하고 있는 교사의 몫이고, 한국어가 미국 사회에서 어떻게 보급될 것인가는 교사의 양 어깨에 달려있다. 이러한 막중한 역할을 담당하여 최선을 다하고 있을 한국학교 교사 여러분에게 감사할 따름이다.

2007. 8. 25

뉴욕, 한국문화연구재단

3 자랑스러운 한인사회로 가는 길

 서 론

한민족의 역사를 4천년이라 하지만 근세사 100년만큼 격동의 시기는 없었을 것이다. 한민족은 20세기가 시작되면서 국권을 빼앗기는 수모를 겪었고, 해방을 맞이하여 국토가 양분되는 비극을 경험하였으며, 한국전쟁으로 한민족은 지구상에서 가장 가난한 나라가 되었고, 20세기 후반에는 한강의 기적을 이루어 세계 10대 경제 강국에 진입하게 되었다. 우리는 한민족의 긴 역사상 수난의 시기와 기적의 시기를 살아가고 있다.

이 시기에 자랑할 것은 말할 것도 없이 한강의 기적이다. 이것은 식민지 경제체제를 지나 다시 한국전쟁으로 인한 완전 소멸 상태에서 농업국으로 탈바꿈을 하고, 다시 중공업을 기반으로 하는 공업국으로 그리고 이것을 기반으로 후기 산업국으로 발전하여 온 것이다.

이 시기에 또 하나의 자랑스러운 것, 그리고 특기할 것이 있다면 그것은 170여 개국에 8백만의 해외동포를 가진 것이고, 특히 미국에 230만의 재미동포를 가지고 있는 것이다.

재미동포의 공헌

재미동포는 이민사로 말하자면 제4기에 해당하는 시기에 한반도를 떠난 사람들이다. 제1기는 한반도에서 북부로 이주하는 시기로 주로 러시아의 연해주와 중국의 간도 지방으로 이주하였고, 제2기는 일제강점기 일본으로 이주한 시기이고, 제3기는 소강상태를 이루다가 1965년을 기점으로 미국, 남미, 서독으로 이주하는 시기로 보다 많은 한인들이 미국으로 이주하였다.

이민의 역사는 짧지만 미국으로 이주하여 온 재미동포는 경제, 정치 그리고 문화면에서 재외동포들의 맏형 노릇을 할 위치에 있다. 우선 인구면에서 중국의 재중동포가 수적으로 감소하는 반면 재미동포는 현재도 증가하여 가는 추세에 있고, 재외동포 중에서 그 수가 가장 많다. 경제적으로 말하자면 중국이나 일본의 동포가 비교할 수 없을 정도로 재미동포는 경제적으로 우월하다. 미국은 세계는 물론 한국에도 영향력을 강하게 미치는 나라이기 때문에 재미동포는 정치적으로 중요한 위치에 있다. 문화적으로도 한국의 유행에 10년을 앞서 있다고 말할 수 있다.

특히 한국이 산업화를 시작하였을 초기인 1960년대 재일동포가 크게 경제적인 공헌을 하였으나, 1970년대 들어 3차 경제개발 5개년계획을 수립하고 중공업화를 서두를 때 재미동포가 두뇌를 가져다주어 한국의 중공업 건설에 크게 이바지하였다. 다시 1980년대 한국이 민주화를 서두를 때, 재미동포의 지식인만이 한국의 민주화를 도와주었다.

재미동포의 경험

재미동포는 다른 나라로 이주한 동포에 비하여 두 가지의 특성을 갖고 있다. 하나는 가족 이민이고, 다른 하나는 엘리트 이민이다. 흔히 이민을 가는 경우, 남자가 먼저 이주하여 자리를 잡은 후 가족을 초청하는 것이 일반적이다. 그러나 미국으로 이주한 동포들은 처음부터 한 가족이 이주하여 왔기에 가족 이민이라 한다. 가족 이민은 힘들고 어려운 초기 이민 과정을 가족이 같이 경험하기 때문에 가족구성원 간에 동지애가 생길 수 있다. 그러나 이것보다 가족구성원이 미국문화에 적응하는 속도가 다르기 때문에 가족구성원 간에 마찰이 생기기 쉽다. 가족구성원 중 가장 먼저 미국 문화에 적응하는 것이 자녀들이다. 자녀의 나이가 어릴수록 적응하는 속도가 빠르다. 남녀 간에는 여자가 언어를 습득하는 능력이나 문화를 소화하는 능력이 남자보다 빠르다. 따라서 부부간에 마찰의 소지가 많다. 부부의 경우 나이가 젊을수록 문제가 많고, 나이가 많은 부부는 참고 견디는 경우가 많다.

보다 큰 문제는 엘리트 이민이라는 데 있다. 원래 이민을 받는 나라는 일손이 모자라서 하층에 속하는 사람을 이민을 통해 받아들였다. 그러나 한국에서 이민 온 사람들은 이미 한국에서 고등교육을 받았거나 이미 직장생활을 하던 사람이 더 많은 기회를 찾아 보다 나은 생활을 위하여 이민을 한다. 때문에 한국에서 미국으로 이주하여 온 동포들의 기대치와 이민을 수용하는 미국 사회의 기대치 사이에 큰 괴리가 있고, 이민 온 한국인들이 기대치를 미국 사회에 맞추는 수밖에 없다. 기대치를 낮추는 과정에서 재미동포들은 많은 심리적인 고통을 경험하게 된다. 이러한 초기의 고충을 노든 일리노이 대학의 허원무, 김광정 교수는 탄젠트 곡선으로 표시하여 이민초기 홍분상태에서 최저치로 하락하는 침체기, 그리고 다시 회복하여 정상을 되찾는 정상기로 나누어 설명한다.

이러한 심리적 적응의 과정을 거치면서 한인들은 여러 직종을 갖기도 한다. 처음 막노동에서 시작하여 편의점을 하다가 다음에는 술가게를 하고, 그 다음에는 주유소나 세탁업을 하다가 결국에는 모텔을 경영한다. 물론 모든 교포들이 꼭 이러한 것은 아니고 다른 직종으로 옮기기도 하고 뛰어넘기도 한다. 문제는 여러 직종을 옮기는 것이다. 이것을 미국인들은 잘 이해하지 못한다. 직종을 옮기면 노하우도 다르고 고객도 다르기 때문에 미국인은 한 직종에서 평생을 보내는 일이 대부분이다. 한인들이 직종을 옮기는 이유는 엘리트 이민이기 때문이다. 현재 직종에 만족하지 못하고 보다 나을 것이라고 생각되는 직종으로 옮기는 것이다.

다른 지역에서도 그러하지만 재미동포들도 어떤 비즈니스가 잘 된다는 소문이 나면 그것을 따라 바로 옆에 가게를 내어 서로 출혈경쟁을 일삼는다. 어디에서 식당이 잘된다면 바로 옆에 같은 식당을 차려 가격경쟁을 하고, 다 같이 망하고 마는 경우가 허다하다. 이러한 출혈경쟁은 다른 민족들에게도 있다. 그러나 다른 민족은 같은 민족끼리의 과다경쟁을 막을 수 있는 공신력이 있는 기관이 조절을 하거나, 중개를 하여 과다경쟁을 예방하여 간다. 한인들의 경우, 공신력을 가진 기관이 나서서 조절하여 주어야 하나 한인회가 아직 그런 기능을 발휘하지 못하고 있는 실정이다.

🏵 민족 사업

미국의 경우, 여러 민족이 공생하면서 민족에 따라 특정한 직종에 종사하는 사람이 많은 데 이것을 'ethnic business'라 한다. 한국인의 민족 사업은 그로서리(Grocery), 세탁업(Laundry) 그리고 뷰티 서플라이(Beauty Supply)이다. 그로서리는 한인들이 많이 하는 업종이지만, 다른 민족보다 많이 한다는 점에서 한인들의 비즈니스라 한다. 그로서리의 경우 한인들의 업소는 약 2만 개로 작은 가게에서부터 고용인을 몇 명 둔 큰 가게를 경영하는 사람까지 규모에 차이가 많다.

세탁업의 경우, 전 미국에 약 3만여 개의 가게를 한인들이 점유하고 있고 특히 북쪽으로 갈수록 한인들의 세탁소가 많다. 처음에는 중국인이 경영하다가 간혹 일본인이 경영하기도 하였으나, 한인들과 같이 많은 수의 사람들이 전국적으로 세탁업을 운영하지는 않았다. 최근에 인도인들이 경쟁을 시작하였으나, 아직 세탁업은 한국인의 비즈니스로 여겨지고 있다.

한인들이 미국에서 가장 유명한 것이 뷰티 서플라이이다. 흑인을 상대로 운영하고 있으며 전국에 8천여 개의 가게를 한국인이 완전히 독점을 하고 있다. 뷰티 서플라이 업계의 매상이 60억 달러에 달한다고 한다. 뷰티 서플라이는 한국인이 미국 사회에 공헌한 것 중 하나이다. 원래 이것은 유태인이 독점하던 사업이었다. 유태인이 흑인들의 머리용 샴푸와 머리기름을 독점하여 고가로 판매하던 것으로 흑인들이 아껴쓰던 제품이었다. 이것을 한국인이 유태인들에게서 물려받아 흑인용 샴푸와 머리기름을 박리다매로 판매하였고 때마침 한국에서 들어오는 가발과 같이 대량으로 싸게 팔아 흑인들이 많이 애용하게 되었다. 이리하여 번성한 뷰티 서플라이는 한국인이 독점하여 흑인들을 대상으로 판매하는 가게가 되었다. 유태인과 중국인이 아무리 상술에 능하다 하여도 뷰티 서플라이에는 손을 못 대고 있다. 최근 값싼 중국제품을 아랍인이 팔기 시작하여 경쟁자가 생겼으나 아직 크게 위협을 받을 정도는 아니다.

🏵 재미동포의 공헌

재미동포들의 에트닉 비즈니스(Ethnic Business)는 한인들이 미국 사회에 공헌한 대표적인 예가 된다. 특히 뷰티 서플라이가 그러하다. 그러나 이외에도 한인들은 미국 사회에 많은 공헌을 했다. 미국 도처에서 흑인이 도시 중심으로 옮겨오면 그곳이 슬럼 지역이 되고, 백인들은 도시의 외각 지대로 이주하여 간다고 한다. 흑인으로 인한 슬럼화는 도시를 망칠 뿐만 아니라 죽은 도시로 만들고, 대낮에도 길을 가기가 무서울 정도로 변한다. 이러한 도시의 황폐화되는 부분을 한국인들이 파고들어 상권을 형성하면서 그 일대가 깨끗해지고 도시가 활기를 되찾아 시장으로부터 표창장을 받은 한인회가 수도 없이 많다.

한국인들이 미국 도시에서 코리아타운을 형성하였다면 그곳은 흑인들이 살던 곳이고, 흑인들이 못 쓰게 만든 곳을 한인들이 개척하여 상가를 형성하고 활기를 되찾은 곳이기도 하다. 저 유명한 LA의 한인 타운도 그러하다.

한인들의 에트닉 비즈니스는 사회의 부를 창출하는 데 공헌했는데, 특히 뷰티 서플라이가 가장 큰 공헌을 했다. 이외에도 한인들은 미국이 의료보험을 확대하여 의사와 간호사가 부족할 때, 수천 명의 한인 의사와 간호사가 미국에 진출하여 인도의 의사와 같이 미국 사회에 공헌을 하였다.

재미동포의 공헌을 말하자면 한국어를 미국의 SAT II에 넣은 것이다.

이것은 한국에 대한 공헌이 되겠다. 미국 대학 진학에 한국어를 시험볼 수 있게 한 공로는 한민족이 지구상에 삶을 영위한 이래 세종대왕의 한글 창제 다음으로 큰 공헌을 한 것이라 할 수 있다. SAT II에 유럽 언어가 들어가는 것은 당연하고, 중국어는 유엔어이기 때문에 중국어가 SAT II에 들어가는 것도 당연하다. 그리고 일본어는 세계 2대 경제 강국이기 때문에 일본어가 들어가는 것도 당연하다. 그러나 한국어는 유엔어도 아니고, 경제 대국의 언어도 아니며, 과학에 꼭 필요한 언어도 아니며, 톨스토이와 같은 세계적인 문호가 쓴 작품을 읽는 데 필요한 언어도 아니다. 그런데도 미국 SAT II에 한국어가 들어간 것은 순전히 재미동포 230만이 미국 사회에 건재하고 있는 미국의 모범적인 소수민족이기 때문이다.

재미동포가 한국에 공헌한 것을 말하자면 한국어를 미국 사회로부터 공인을 받게 한 것 이외에 1970년대 한국이 중공업화를 하는 과정에 많은 재미동포 과학자가 두뇌를 가져다 준 것이다. 당시 많은 에피소드가 있다. 포항의 제철소가 문을 열 준비를 다 끝냈으나 약속한 시간에 미국과 일본에서 기술자가 오지 않았다. 외국의 기술자가 제시간에 오지 않아 하루에 수 천 억 원의 손해를 보면서 기다리다 지친 박태준 회장이 소매를 걷어붙였다. 한국인 기술자와 노동자가 하나가 되어 제철소를 완성하였으며, 완성 후에야 외국인 기술자가 왔다는 이야기가 있다. 이러한 어려운 시기에 보수를 문제 삼지 아니하고 시간을 아끼지 않고 공헌한 것이 재미 한인 과학자들이다. 당시 장기 또는 단기로 한국을 다녀간 재미과학자가 6천 명에 이른다.

재미동포는 한국의 민주화에 크게 공헌한 사람들이다. 한국이 1970년대와 1980년대 독재와 투쟁할 때 민주투사들을 직·간접적으로 후원하였는데 그 대표적인 예가 김대중 후원이다. 사형 언도를 받은 김대중에게 망명처를 제공하고 그를 후원하였으며 그가 대통령에 당선되는데 큰 역할을 한 것이 호남향우회라고 알려진 단체만이 아니라 한국의 민주화를 바라는 모든 동포들이 합심하여 도운 덕분이라 생각된다.

 ## 재미동포의 미래

국민의 정부가 들어서면서 한국은 이상할 정도로 미국에서 멀어져 가고 있다. 이것을 상징적으로 보여주는 것이 인천에 있는 맥아더 장군의 동상을 철거하자는 것이다. 맥아더 장군의 인천상륙작전이 없었다면 오늘의 한국은 있을 수 없다. 미국 국회 하원 외교분과위원장이 한국을 방문하였을 때, 맥아더 장군 동상 앞에서 한 유명한 연설이 있다. 한국인의 행동을 이해하기 어렵다는 이야기로 마치 한국인에게 배반당한 것 같다는 미국인의 솔직한 마음을 위원장이 잘 표현하였다. 소원해진 한국과 미국 관계를 그나마 재미동포들이 있었기 때문에 미국인의 오해를 풀고 동포들이 한국인에게 경각심을 전하여 주곤 한다.

미국에는 정치계, 학계, 언론계, 문화계 등 많은 분야에서 이미 두각을 드러내는 한국인이 있고, 이러한 영역에서 미국 지식인이나 정치인에게 영향을 주는 사람이 많다. 이민 역사가 짧은 것에 비하면 사회 상승률이 가장 높은 민족이 우리 한민이 아닌가 생각된다. Washington D.C.에는 미 연방 의원 보좌관으로 활동하는 한국계 젊은이 1.5세와 2세가 25명이나 된다고 한다. 어느 민족도 이렇게 많은 보좌관을 가진 나라는 없다. 10년이 지나고 20년이 지나 이들이 그 분야에서 본격적으로 활동할 연령이 되면 한국계 의원이 비 유럽계 소수민족으로서, 단일민족으로서, 그 수가 가장 많지 않을까 생각된다.

뉴욕에는 1.5세와 2세들이 KACF(Korean American Community Foundation)라
는 친선단체를 만들어 비정기적인 모임을 갖고 있으나 필요할 때에는 보
다 많은 사람들이 모여 협력하고 한인 사회를 돕는다고 한다. 이것은 모
임의 기능이 중요한 것이 아니라 이곳에 참가한 회원들이다. 회원에는 한
국 사람들이 바라는 변호사, 의사, 언론인 등이 많을 뿐만 아니라 월스트
리트에서 활약하는 젊은이가 수백 명에 달한다는 것이다.

1.5세와 2세의 모임으로 보다 많이 알려진 것이 LA에 있는 KAC이다.
KAC는 전국에 6천여 명의 회원을 갖고 있으며 회원들 간의 상호 협력은
물론 한인 사회를 위하여 봉사도 하고 사회에 진출하는 후배들을 위하여
선도를 하는 등 많은 일을 하는 단체이다.

1.5세와 2세들의 모임에서 빼놓을 수 없는 것이 실리콘밸리에 있는
KIN이라는 단체이다. 실리콘밸리는 알려진 것과 같이 세계 IT산업을 이
끌어가는 중심지이며, 이곳에는 중국계 모임, 인도계 모임 그리고 한국계
모임이 있다. 중국계는 구성원에서나 활동 면에서 1위이고, 다음이 인도
계이다. 한국계는 약 4백 명의 회원을 가져 그 수는 3위이지만 수천 명에
달하는 회원을 가진 중국계보다 알찬 모임을 갖고 질적으로도 결코 중국
계나 인도계에 뒤지지 않는다.

우리는 이들을 통틀어 '차세대'라고 말한다. 미국에 있는 한국계 차세대
는 참으로 기특할 정도로 각 분야에서 두각을 드러내기 시작하였고, 그
상승률이 마치 우후죽순과도 같다. 물론 차세대들이 눈부신 성장을 이룩
할 수 있었던 것은 재미동포 1세들의 희생과 억척스러운 부모들의 교육열
로 인한 것이라 생각된다. 그러나 이러한 후원 못지않게 1.5세와 2세들의
강한 성취욕구와 남다른 노력도 있었기 때문에 가능한 일이었다. 많은 차
세대에게 듣는 이야기이다. 자기들이 일어나기도 전에 달그락거리며 도
시락을 싸고 집을 나가시는 아버지와 어머니가 밤늦게 들어와 끙끙 앓는

소리를 내며 주무시는 것이 가족을 위하고 자식의 교육 뒷바라지를 하기 위한 것이라는 생각을 하면, 공부를 게을리 할 수 없어 이를 악물고 미국 친구에게 지지 않으려고 노력하였다고 한다.

참으로 대견스러운 이야기가 아닐 수 없으며 참으로 믿음직한 차세대가 아닐 수 없다. 많은 사회학자가 지적하듯이 미국에 사는 한국인은 미국의 모범 소수민족이다. 일본을 제외한 모든 나라에 거주하는 한인들은 그 나라의 모범적 소수민족이지만 이것을 가장 유감없이 발휘하는 곳이 다름 아닌 미국이라 생각된다.

결 론

한국인은 다른 나라를 침략한 적이 없고 다른 민족을 괴롭힌 역사가 없다고 배웠다. 이러한 민족이 근세사 100년의 참으로 쓰라린 역사를 경험하였다. 500년의 사직이 다하면서 힘이 없어 식민지라는 어처구니없는 경험을 하였고, 한국전쟁이라는 동족상잔의 쓰라린 경험을 하였으며 세계에서 가장 못 사는 나라가 되었다. 당시 우리의 GNP가 67달러였으며 이것은 세계 최저였다. 이곳에서 죽기를 각오하고 노력을 하여 세계 10대 경제 대국이 되고 후기 산업사회에서는 IT · BT · CT · NT 분야에서 세계 3대 강국이 되었다.

이것은 눈에 보이지 않는 운명의 여신이 한민족에게 준 시련과 성취의 역사일 것이다. 따라서 식민지였던 지난 시련들을 뛰어넘어 부흥을 이루라는 의미로 생각할 수 있다. 또한 한민족으로 하여금 불쌍한 유색인종의 모범이 되어보라는 시련일 것이다.

우리의 식민지 생활은 그 자체는 불행하였으나 식민지 당시 인류의 5분의 4인 유색인종이 모두 식민지 생활을 하였다. 말하자면 우리만 특별히 이것을 경험한 것이 아니라 보다 많은 인류가 비슷한 경험을 한 것을 보면, 어떻게 보면 보편적인 경험을 하였다고 말할 수 있다. 그리고 이 시기 우리는 우리와 같이 머슴살이를 한 유색인종을 우리 편으로 만들 수 있었다.

　　그러므로 우리는 불우한 유색인종에게 희망을 주어야 한다. 모든 유색인종보다 못살았으나 열심히 노력한 덕분에 유색인종 중에서는 가장 잘사는 민족이 되었다. 지금도 어디에선가 유색인종으로서 어려움을 겪고 있을 그들에게 너희들도 열심히 하여 다 같이 잘 살자고 손을 잡고 호소할 수 있는 것은 우리 한민족뿐이다. 그리하여 백인이나 황인이나 흑인이나 가지고 나온 재주를 충분히 발휘하여 모두가 잘사는 세계로 만들어 나아가자고 호소하고 이들을 이끌어야 한다. 이것을 운명의 여신이 우리에게 맡긴 임무가 아닌가 생각된다.

　　우리는 지루한 역사를 살아왔다. 우리의 조상들이 지루한 역사를 살아온 것은 오늘의 우리를 있게 하기 위함일 것이다. 우리는 5천년 역사에서 세계사에 공헌할 귀중한 시기에 살고 있다. 우리는 이러한 사명을 다음 세대에 넘기지 말고 또 주저하지도 말아야 한다. 또한 우리가 이러한 세계사의 소명을 망각하고 우리만 잘사는 민족이 되어서도 안된다. 우리는 참으로 귀중한 시기를 사는 한민족임을 자각하고, 이 운명의 여신이 우리에게 맡긴 소명을 다하도록 노력하여야 할 것이다.

2007. 7. 28.

뉴욕, 가정문제연구소

4 한민족의 미래와 한국어 교육

 인류 문명권

　20세기 초 독일의 문명사가인 슈펭글러(Oswald Spengler)가 저서 『서구의 몰락(Die Untergang des Abendlandes)』을 발표하자 서구 여러 나라의 의식 있는 사람들은 그에 대해 심각한 사유를 하지 않을 수 없었다. 그는 로마사를 연구한 학자이다. 고대 문명의 집대성인 로마가 영원히 지속될 줄 알았다. 그리하여 돌을 깔아 축성한 로마의 길(La strata roma)이 닳으면 닳았지 로마는 멸망하지 않고 영원할 것이라 생각하였다. 그러나 고대 로마제국은 멸망하고 말았다. 로마의 멸망을 연구한 슈펭글러는 로마가 멸망한 원인을 로마의 가정에서 찾았다. 건전한 로마의 가족이 로마를 건설하였으며, 로마가 멸망한 것은 성(性)이 문란하여지고 건전한 로마 가정이 사라졌기 때문이라고 하였다. 문제는 로마 문명이 최고 전성기를 지나 멸망에 이를 때 나타났던 문명의 노화현상이 현재 유럽에도 나타나기 시작하여, 세계를 지배하던 유럽이 멸망할 것이라는 것이다.

슈펭글러의 이론을 19세기와 20세기 제국주의 시대 세계를 지배하던 유럽 여러 나라들이 심각하게 받아들이지 않을 수 없었다. 그러면 서구는 어떻게 할 것인가. 슈펭글러의 대답은 이것이 문명의 융성과 멸망의 운명적 곡선의 전개라면 유럽인은 후대의 역사가들로부터 신사답게 죽었다는 말이라도 듣게 운명에 순응하며 조용히 사라지는 것이 옳을 것이라 하였다.

이러한 운명론적 예언에 대하여 희망을 준 것이 영국의 문명사가 토인비(Arnold Toynbee)였다. 그는 『역사의 연구(A Study of History)』에서 인류문명의 역사는 운명론적 역사가 아니라 도전과 응전의 법칙에 따른 역사이며, 그간 인류가 가졌던 20개의 문명의 성쇠는 결국 이 도전과 응전의 법칙에 의한 것이었다. 토인비에 의하면 현재 지구에는 5개의 문명이 공존한다. 5개의 현존 문명은 기독교를 중심으로 한 유럽 세계, 회교를 기반으로 하는 중동 지역, 힌두교를 기반으로 하는 인도, 유교를 기반으로 하는 동아시아 그리고 공산주의를 신봉하는 소련이다. 말하자면 토인비는 종교를 문명의 기반으로 한 것이다. 역사의 장난이 기독교의 유럽으로 하여금 비유럽의 모든 문명을 공격하였다. 이에 어떤 문명권이 유럽 문명에 도전하여 올 것이냐 하는 것이 문제이고, 그 도전에 응전하여 승리하면 살아남을 것이며 도전에 굴복하면 멸망할 것이라 하였다.

토인비의 도전과 응전의 법칙에 대하여 보다 진일보한 이론을 전개한 문명사가 영국의 도슨(Christopher Dawson)이다. 그는 『유럽의 형성(The Making of Europe)』이라는 저서에서 유럽의 현대사를 희랍의 역사와 비교하면서 설명하였다. 2000년 전 희랍시대 인류의 머리에 하나의 State라 하면 그것은 도시국가였다. 아테네, 스파르타, 코린트 등 도시국가가 모여 있을 때 페르시아 대군이 몰려왔다. 이에 희랍인들은 자유를 위하여 오합지졸이 모였으나 전력을 다하여 싸워 결국 페르시아 대군을 물리치고 말았다. 그 후 아테네가 희랍을 통일하려 할 때 모든 희랍의 도시국가들이 반대하여 아테네를 멸망시켰고, 다시 스파르타가 자기 휘하에 희랍을 통일하려 할 때 모든 나라들이 힘을 합하였으나 힘이 부족하여 페르시아의 힘을 빌려 스파르타를 공격하였다. 그러나 결국 희랍은 멸망하고 말았다.

2000년이 지난 현대에 국가라 하면 그것은 영국, 프랑스, 독일 같은 영토와 인구를 가진 것을 말하며 대서양에서 태평양에 이르는 미국은 합중국이다. 나폴레옹이 등장하여 프랑스 밑에 유럽을 통일하려 할 때 모든 나라가 프랑스를 공격하고 나폴레옹을 가두고 말았다. 다시 독일 밑에 유럽을 통일하려 하는 히틀러를 공격하기 위하여 유럽이 아닌 미국과 소련을 불러들여 히틀러를 멸망시켰으나 유럽은 없어지고 미국과 소련이 지배하는 세계가 되고 말았다. 그러나 유럽인들은 나폴레옹 말을 들으리만치 현명하지는 못하였으나 희랍인들과 같이 그냥 죽기보다는 유럽공동체를 형성한 것이다.

도슨의 이론은 현대 유럽공동체를 형성한 이론적 배경이 되었으며 앞으로 인류는 유럽공동체(EU)와 같은 합중국 또는 국가 연합체가 인류 생존경쟁의 단위가 될 것이다. 미국은 캐나다, 멕시코와 더불어 북미 자유무역협정(NAFTA)을 체결하여 하나의 경제공동체를 형성하였고, 남미 여러 나라들 또한 남미 경제공동체를 형성하였다. 아프리카가 아프리카연합(AU)를 결성하여 유럽공동체를 따르고 있고, 중동의 회교 국가들이 종교를 기반으로 한 경제공동체를 형성하였다. 『문명의 충돌(Clash of Civilization)』을 묘사한 헌팅턴은 이러한 견지에서 인류의 문명사를 편찬하여 토인비 이론을 앞지르고 있다. 도슨을 위시하여 토인비의 문명권 대립과 충돌, 그리고 슈펭글러의 서구의 몰락 등 모두 인류에게 깊은 생각을 하게 하는 문명사가들의 명저라 아니할 수 없다.

뉴욕에서 9·11 사태가 발생하자 미국 대통령 부시도 유럽이 아랍을 공격하던 십자군 전쟁을 연상하였고, 중동의 오사마 빈 라덴도 기독교에 대한 회교의 전쟁을 성전(聖戰)이라 선언하였다. 이런 것으로 미루어 볼 때, 오늘날 미국이 이라크를 공격하는 것은 단순한 미국과 이라크의 전쟁이라 할 수도 있으나 기독교와 회교의 충돌이라고도 볼 수 있다.

현재 진행되고 있는 이라크 전쟁을 기독교와 회교 문명권의 충돌로 보았을 때, 동아시아의 유교문명권은 무엇인가를 생각하지 않을 수 없다. 이것은 분명 기독교와 회교를 중개하여 세계평화의 일익을 담당할 중요한 위치에 있는 또 하나의 중요한 문명권이라 할 것이다. 말하자면 유교문명권은 미래 인류 사회에 중간자의 역할을 수행할 인류 평화를 위한 귀한 존재가 될 것이다.

🏵️ 동아시아 문명권

군이 토인비의 이론을 빌리지 않아도 중국, 한국, 일본을 포함하는 동아시아는 오랜 역사를 통하여 하나의 문명권을 형성하여 왔다. 타 지역에서 동아시아를 유교문화권이라 말하듯 동아시아 나라들은 유교의 전통을 공유하고 있다. 최근 서양 교육제도가 유입되기 이전 수백 년 동안 중국, 한국, 일본은 공자의 가르침인 유교를 숭상하여 왔으며 특히 한국은 조선조 5백 년 동안 유교를 국시로 삼아 왔다. 그리하여 글을 읽는다는 것은 '사서삼경'을 읽는 것을 말하고 이것은 학문의 근간만이 아니라 통치자의 지도 이념이었고 사회 일반의 윤리 도덕의 근간이었다. 유교문명권의 특성은 한자(漢字)를 공유하는 한자문화권이기도 하다. 유교의 원전이 한자이기에 식자는 모두 한자를 배우고 한서(漢書)를 읽어야 하고, 이것이 중국만이 아니라 한국어와 일본어 어휘 속에 깊이 침투하여 마치 유럽의 많은 단어의 근간이 라틴어에서 유래된 것과 같이 한자는 중국어, 한국어, 일본어들의 근간이 되어 한자문화권을 형성하고 있다. 옛날 우리 조상들은 중국어를 배워 중국을 여행한 것이 아니라 한자로 필담을 나누면서 여행을 하였고 한자로 의사를 주고받음에 아무 불편이 없었다.

유교문화권은 불교에서도 특성을 찾는다. 불교가 인도에서 발생하여 한 가닥은 동북으로 전파되어 중국, 한국, 일본에서 이른바 대승불교를 이룩하였고, 한 가닥은 동남아시아로 전파되어 소승불교를 이룩하였다. 중국에서 한국과 일본으로 전파된 대승불교는 불교의 이론에서만이 아니라 사찰의 건축, 부처님의 조각, 보살의 형상 그리고 탱화에서도 공통된 점이 많으며 불교문화를 통하여 동아시아는 차원 높은 종교와 예술을 발전시켜 왔다.

중국, 한국, 일본에 불교가 전파되어 고급 귀족문화가 개화할 때가 중국의 당나라 시대였다. 따라서 불교를 전파한 당나라는 불교만이 아니라 문물제도를 같이 전파하여 중국 당나라의 장안, 신라의 경주 그리고 일본의 나라는 유사한 도시체제를 갖추고 유사한 정치제도를 가졌으며 이른바 고대 귀족문화의 개화기를 맞았던 것이다. 당시 세계는 로마를 중심으로 한 서양 문명 그리고 당나라를 중심으로 한 동양 문명이 거의 유사한 시기에 개화를 하였고, 두 문화 모두 영원히 번성할 것이라 하였다. 그러나 당 나라는 북방의 오랑캐에게 멸망하고 로마 역시 북방의 바바리안(Barbarian)에게 멸망하고 말았다.

근대 무기로 무장한 서구 열강이 동아시아에 이르렀을 때 중국, 한국, 일본 모두 문을 닫고 서구 문명을 거부하였다. 그러나 동아시아 여러 나라들은 장구한 아시아식 봉건주의에 매몰되어 서구 세력을 감당하지 못하고 중국은 아편전쟁으로, 일본은 미국 페리의 흑선에게 항복하고 말았다. 그리하여 세기말적 현상이 아시아에서 전개되더니 한국은 일본의 식민지가 되고 중국은 열강에게 분할되어 점령당하는 반식민지로 전락하였으며, 오로지 일본만이 명치유신을 기회로 근대 서구의 문명을 소화하고 겨우 열강의 대열에 끼었으나, 제2차 세계대전을 계기로 일본 역시 서구에 항복하고 만다.

제2차 세계대전은 세계의 판도를 바꾸어 놓았으며 동아시아에도 큰 전환기를 가져왔다. 일본은 한국전쟁을 계기로 전쟁 전의 수준을 능가하는 경제회복과 경제 고도성장을 이룩하여 다시 G7의 일원으로 활동을 하고 있다. 한국은 비록 반쪽이지만 식민지 경제체제에서 산업국가로 탈바꿈을 하여 세계 10대 경제 강국으로 성장하였다. 중국은 모택동이 인민혁명을 완수하고 사회주의로 통일 국가를 완수하였으며 최근 시장경제를 도입하여 인구대국이 경제대국으로 성장하고 있다.

문제는 한국, 중국, 일본을 포함하는 동아시아 여러 나라들이 유럽 공동체(EU)와 같은 국가를 초월하고 지역을 묶는 공동체 형성을 고려하고 있느냐 하는 것이다. 1990년대에 진입하면서 일본과 한국에서 학자들에 의해 동아시아 지역 공동체 형성에 관한 이론들이 전개되었다. 일본의 경우 '환동해권(環東海圈)' 형성을 위한 이론이 있으나, 대표적인 것이 이른바 '기러기론'이다. 이것은 기러기가 날아갈 때와 같이 일본이 주도하고 아시아의 다른 나라들이 추종하는 형태를 말한다. 그러나 일본은 태평양전쟁 시 '대동아 공영권'을 주장한 적이 있기 때문에 어떤 형태의 주장과 이론을 내놓아도 아시아의 다른 나라에게서 환영을 받지 못한다.

특히 일본은 최근 평화헌법 9조를 타국과 전쟁을 할 수 있는 공격형 헌법으로 바꾸고 미국을 돕는다는 것을 빙자하여 세계 도처에 일본군을 파견하고 있다. 즉, 일본은 경제대국에서 군사대국으로의 전환을 서두르고 있다. 일본의 군사 대국화는 인류 평화에 아무 도움이 되지 못하고 오히려 이웃나라들의 공포심을 자아내고 있다. 일본이 아시아 공동체의 일원이 되려면 과거를 청산하고 나아가야 하는데 한반도를 식민지로 하였던 것에 대한 반성이 없고 종군위안부에 대한 사과를 할 줄 모르는 민족이기에 동아시아 공동체 형성의 주역이 될 수 없다.

중국인 학자들도 최근에 '동북아 경제공동체', '환발해만 공동체' 등 경제적인 협력체를 구상하고 있으나, 무엇보다 동남아시아의 화교를 기반으로 하는 '아시아 경제공동체'를 추진하고 있다. 경제적인 발전을 계기로 중국은 성당(盛唐)시대로의 복고, 중화사상의 부활 그리고 중국 중심의 동아시아론을 주장하고 있다. 그러나 중국은 인구대국에서 경제대국으로 전환하면서 '동북공정'과 같이 서북공정, 서남공정 등을 통하여 중국 내의 소수민족과 변방 국가들을 위협하고 있다. 이것은 동아시아 공동체 형성에 아무 도움이 되지 않을 뿐만 아니라 오히려 국수주의로 전락하여 세계의 조류에 역행하고 있다. 중국이 경제대국에서 다음 단계인 군사대국으로 치달을 때에는 이것은 세계평화를 위협하는 것이기에 세계열강이 좌시하지 않을 것이다.

동아시아에서 전개되는 이러한 현상을 보고 『문명의 충돌』을 저술한 헌팅턴은 중국 문화권과 일본 문화권을 별도로 구분하여 동아시아 문화권을 둘로 나누어 놓았다. 동아시아 문화권은 존재하지 않으며 중국권과 일본권이 있을 뿐이라 할 때, 이것은 오늘의 현상을 보기에는 유리하나 지나치게 경제에 중점을 두었고 긴 문명의 역사를 간과한 것이 된다.

중국, 한국, 일본으로 이루어진 동아시아 문명권이 중국과 일본으로 대립되었을 때 반드시 분쟁이 야기되며, 한국이 대등한 입장에서 균형을 이룰 때 비로소 동아시아 문화권이 형성될 수 있다. 말하자면 한국이 일본에 행세해도 균형이 깨지고 중국에 합세해도 균형이 깨어져 동아시아는 분쟁을 야기하게 된다. 따라서 한국은 비록 인구나 영토에서는 작은 나라이지만 동아시아의 균형이라는 조건에서 결코 작은 나라가 아니라 강대국의 의미를 갖는 나라라 할 수 있다.

동아시아 문명권이 경제나 정치를 위한 지역적 공동체가 아닌 문화를 기반으로 하는 문화권이라 할 때 동아시아 문명권의 재생이라는 것은 서양 문화에 시련을 겪은 동아시아 문화를 말하는 것이다. 즉, 기독교문화를 수용하고 다시 피어나는 유교문화를 뜻하는데 이런 의미에서 한국이나, 중국 그리고 일본에서는 신 유교주의라는 말이 나돌고 있다. 기독교의 서양 문화에 시련을 받은 유교문화의 재생을 말할 때, 한국은 중국이나 일본보다 유리한 입장에 있다. 중국과 일본은 기독교를 제국주의 침략자의 종교로 받아들이지만 한국의 경우 기독교는 식민지 생활을 할 때 우리 편을 들어준 유일한 종교였고, 한국전쟁으로 고생할 때 우리를 도와준 곳이 기독교 국가라고 생각한다. 유교문화가 기독교문화를 흡수하여 새로운 가치관을 가진 문화를 창조할 때 한국은 동아시아에서 가장 유리한 입장에 설 수 있다. 이런 의미에서 한국은 동아시아문화권의 중심 역할을 할 수 있는 가장 좋은 조건을 갖춘 나라다.

한국, 일본, 중국이 하나 되는 동아시아 유교문명권을 주장하는 것은 토인비가 말하듯 다른 문명권을 침략하기 위해서가 아니다. 오히려 동아시아 유교문명권이 확실하게 성립됨으로써 기독교 중심의 유럽 문명과 회교 중심의 아랍 세계를 중개하고 이들과 더불어 조화를 이룰 때 세계평화를 기대할 수 있다는 점에서 동아시아 문명권의 확립이 필요하고, 그 동아시아 문명권의 형성에 주역을 담당할 나라가 한국이라는 것이다.

🏵 한국의 위상

모든 민족이 나름대로 특이한 역사를 갖고 있는 것과 같이 한국도 중국하고도 다르고 일본하고도 다른 한국 특유의 역사 발전 법칙을 갖고 있는 나라이다. 중국은 3백년을 주기로 왕조가 바뀌고 남쪽의 세력과 북쪽의 세력이 번갈아 교체한 역사, 말하자면 진나라, 한나라, 당나라, 송나라, 원나라, 명나라, 청나라가 모두 남쪽과 북쪽 세력이 교대하여 이룩한 왕조들이고, 이들이 3백년을 주기로 교체되었던 왕조들이다. 한국의 역사 법칙은 남북이 교대한 것이 아니라 자체적으로 내부에서 교체되었고 때로는 왕건과 같이 덕을 갖춘 인물이 통일을 이룩하였으며, 한때는 이성계와 같이 사회혁명을 통하여 왕조를 이룩하여 나아갔다. 무엇보다 한국의 역사는 왕권과 신권이 서로 견제하고 대립하며 조화를 이루고 수평구조와 수직구조가 조화를 이루는 특이한 역사법칙을 가진 나라이다.

한국은 19세기에 들면서 약 100년간 참으로 특이한 격동의 역사를 전개하여 왔다. 서구 열강의 제국주의의 높은 파장이 밀어 닥쳤을 때 한국은 조선조의 말기 현상이 이룩되었을 때였다. 철종, 순조, 고종으로 이어지는 이씨 왕조의 조선조는 내부적으로 이미 왕조 말기적 현상이 나타났고, 열강의 선풍에 힘없이 몰락하여 20세기 전반기에는 식민지라는 굴욕의 역사를 경험하여야 했다. 그리고 해방이 되어 겨우 건국한 두 나라는 동족상잔의 쓰라린 경험을 하여야 했고, 이로 인하여 남이고 북이고 모두 잿더미에 앉게 되었다. 한국전쟁이 끝나는 1953년 한국의 GNP는 67달러에 불과한 세계 최저 빈국으로 전락되었다.

20세기 후반에 들어 한국은 식민지 경제체제에서 '한강의 기적'이라 할 수 있는 경제적인 도약을 이룩하여 농업국에서 경공업국을 지나 중화학공업 국가로 발전하였고, 마침내 세계 10대 경제 강국으로 도약하기에 이른다.

한국은 경제면에서만 강대국에 진입한 것이 아니다. 4·19혁명으로 독재를 타도하고 군사독재를 물리치는 시민 민주주의의 기반을 이룩하였고 마침내 군사독재를 물리치고 민주정치를 실현하여 선거에 의해 야당이 승리하는 민주정치를 이룩하였다. 더불어 경선에 의하여 후보자를 선출하는 과정 그리고 더 나아가서 보다 많은 경제력을 가진 반대당을 물리치고 경제적으로 약세에 있었던 후보가 당선되는 정치적인 민주화를 이룩하였으며, 인터넷의 위력을 빌어 후보가 당선되는 인터넷 강국을 과시화한 특이한 정치의 민주화를 이룬 나라가 되었다. 말하자면 유럽 문명권 이외에서 경제 강대국 그리고 정치적인 민주화를 이룬 유일한 선진국이 된 것이다.

오늘날의 한국은 1960년대와 1970년대 인위적으로 이룩한 정경유착을 끊는 사회적 진통을 겪고 있다. 이러한 와중에 후기 산업사회로 진입하면서 후기 산업사회에서 1등 내지 2등을 하는 나라가 되었다. 후기 산업사회의 산업은 IT, BT, NT, CT 등을 말하며, IT에서는 미국, 인도와 더불어 3대 강국으로 경쟁을 하고, BT에서는 미국, 영국과 더불어 경쟁을 하며, NT에서는 미국, 독일과 같이 경쟁하고, CT에서는 한류가 동남아시아, 중국, 일본을 휩쓸고 현재 미국과 유럽에 상륙 중이다. 이렇게 한국은 작은 나라가 아니며 중국, 일본과 더불어 동아시아 문화공동체의 주역이 될 수 있는 충분조건을 갖춘 나라가 되었다.

🎴 해외동포의 의미

　20세기 후반에 들어 이미 기적을 이룬 한국에 또 하나의 기적이 있다면 그것은 800만의 해외 동포를 갖게 된 것이다. 우리는 세계 170여 개국에 800만의 해외 동포를 가진 나라로 세계에서 다섯 번째로 많은 교포를 가진 나라이다. 미국에 230만 명이 거주하고 있으며, 중국에 213만, 일본에 100만, CIS에 55만 그리고 남미, 캐나다, 유럽, 동남아시아 등지에 한인이 없는 곳이 없다. 해외 동포들은 거주지의 환경과 거주 연한이 다르지만 모두 역경을 성실로 극복하며 훌륭한 삶을 개척하고 영위하여 어느 나라에서나 모범적인 소수민족이라 한다.

　해외 동포의 가치를 말하자면 해외 동포 1명은 국내 한국인 10명의 역할을 하고 있다고 할 수 있다. 그런 의미에서 한국은 국내에 7천만, 해외에 8천만, 모두 1억 5,000만의 동포를 가진 셈이다.

　해외 동포 한 사람이 국내 한국인 10명의 역할을 한다는 것은 해외 동포가 갖는 민간 외교관으로서의 역할, 한국 제품을 선전하는 외판원으로서의 역할 그리고 한국 문화를 선전하는 문정관으로서의 기능을 통칭할 때 하는 말이다.

　해외 동포가 구체적으로 한국에 공헌한 것을 열거하여 보면 한국이 새마을운동을 전개하던 1960년대, 재일동포가 엄청난 물량의 자금을 지원하여 새마을운동을 성공리에 끝낼 수 있었다. 재일동포는 주로 경상남도, 경상북도, 전라남도, 제주도 출신이 많다. 경상남도가 '신발의 도'라 하는 것도 재일동포 중 경상남도 출신이 신발공장을 경상남도에 세워주었기 때문이며, 경상북도가 '섬유의 도'가 된 것도 경상북도 출신의 재일동포가 대구에 방직공장을 세워주었기 때문이다. 마찬가지로 제주도가 '감귤의

도'가 된 것은 재일동포들이 묘목을 가져다주어 제주도가 감귤 생산지가 된 것이다.

한국이 1970년대에 들어 중화학공업을 발전시킬 때 재미동포들이 두뇌를 가져다주어 한국이 중공업화를 성공리에 추진할 수 있었던 것이다. 재미동포 기술자와 과학자가 길게는 수년, 짧게는 수개월 한국에 머물면서 기술을 전수하여 주었다. 포항공대와 카이스트는 현재 남아 있는 재미동포 기술자와 과학자의 유물이다.

한국이 1990년대 들어 일산과 분당을 건설하며 고도성장을 기할 때 중국 조선족이 노동력을 제공하여 주었다. 말하자면 자본, 기술, 노동 그 어느 하나 근대 산업화에 필요 없는 것이 없다. 이러한 근대화, 산업화 과정에 해외동포들은 조국인 한국에 막대한 영향을 끼쳤다.

더욱이 서독에 광산 근로자로 간 남자와 간호사로 간 여자는 봉급을 담보로 서독 정부가 빌려 준 1억 8,000만 마르크를 빌려 한국의 경제개발 5개년계획을 추진하는 밑거름이 되었다.

해외 동포들이 한국에 거주하는 일가친척에게 송금하여 들어오는 사업을 '애국산업'이라 한다. 2004년의 한국은행 집계에 의하면 애국산업으로 들어오는 수입이 연간 50억 달러라 한다. 이외에도 동포들이 한국을 여행하면서 한 사람이 한번에 3,000달러를 쓰고 간다면 한국에 남기고 가는 금액이 연간 10만 명만 출입해도 관광수입이 300억 달러가 된다. 재일동포의 경우, 민단의 크고 작은 모임을 한국에서 거행하고, 부인회, 상공회의소 등 전국대회를 모두 한국에서 거행하여 이들이 남기고 가는 경비만해도 수백억 달러가 된다.

🏵 재미동포 사회

 미국에 거주하는 동포들의 역사가 100년이 넘었다 하나, 그것은 1903
년에서 1905년 사이에 하와이 사탕수수밭에 노동자로 이주한 역사가
100년이 된 것이고, 이들의 후손이 오늘 재미동포 사회를 이끄는 이른
바 재미동포 1세는 아니다. 오늘날 230만의 재미동포의 주된 집단을 이
루는 재미동포는 1965년 미국의 새 이민법이 통과된 이후에 유입된 동
포들이다. 따라서 재미동포 사회의 역사는 이제 40년에 불과하다. 한국
이 1960년대 경제개발 5개년계획을 실시하여 경공업화를 진행하고 다
시 중공업화를 추진할 사이 재미동포들은 가족 당 1천불을 들고 와 미
국 사회의 밑바닥에서부터 출발하여 모진 고생을 다하면서 오늘의 재미
동포 사회를 이룩한 것이다. 재미동포는 그러나 미국에 이주하였기 때
문에 재외동포 중에는 가장 잘사는 동포가 된 것이다.

 재미동포는 위에서 본 것과 같이 한국의 중화학공업화에 지대한 공을
세웠으며, 미국에 대하여도 큰 공로를 세웠다. 재미동포의 3대 에트닉 비
즈니스(Ethnic Business)를 식품상(Grocery), 세탁업(Laundry) 그리고 뷰티 서플
라이(Beauty Supply)라 하는데 한인들이 운영하면서 상당히 발전된 모습을
갖었다. 따라서 뷰티 서플라이는 한국인이 미국 사회에 이룩한 공헌 중
하나이다. 뷰티 서플라이 이외에도 뉴욕의 청과상, 네일 살롱 등이 모두
한인들로부터 시작된 것이다.

 뷰티 서플라이는 미국의 흑인운동과 같이 성행하기 시작하였고, 한국의
가발산업이 성행하면서 이와 맞물려 미국 사회에 공헌하였으며, 한국 사
회에도 큰 공헌을 한 특이한 업종의 하나이다. 뷰티 서플라이 못지않게
중요한 업종이 청과상이다. 이태리인, 유태인 도매상에게 얻어맞으면서

시작한 청과상은 도매상인 이태리인과 유태인을 상대로 하고 멕시칸을 고용하고 백인과 흑인을 상대로 하는 다민족 산업으로 발전하였으며, 뉴욕 시민에게 없어서는 안 되는 업종으로 발전시켜 미국 사회에 큰 공헌을 하였다. 무엇보다도 청과상은 막대한 비용을 들여 맨해튼 한복판에서 코리안 퍼레이드를 추진하여, 미국 사회에 한국을 알리는 데 크게 공헌한 효자 산업의 하나이다.

미국에 거주하는 동포들이 한민족에 대한 지대한 공헌이 있다면 그것은 SAT II에 한국어가 채택되게 한 것이다. 한국어는 유엔에서 사용하는 언어도 아니요, 국제경제에 필요한 언어도 아니며, 대문호가 나온 민족의 언어도 아니고, 선진 과학에 필요한 언어도 아니다. 이런 한국어가 SAT II에 아홉 번째 언어로 채택된 것은 재미 동포 230만이 있었기 때문이다. 이것은 한국어를 사용하는 한민족이 지구상에 생을 영위하기 시작하면서 세종대왕께서 한글을 창제하신 것에 버금가는 공헌을 한 것이라 하겠다. 미국에서 SAT II에 한국어가 채택되었기 때문에 호주와 일본에서, 그리고 영국에서 대학 수능고사에 한국어를 채택하였다.

한국어가 SAT II에 채택되었기 때문에 이번에는 부시 Grant 2004에 한국어가 채택되어 중·고등학교의 외국어 선택에서 한국어, 중국어 그리고 일본어가 경쟁하게 된 것이다.

다른 지역의 동포 사회와 같이 미국도 1세에서 2세가 대두하는 전환기에 진입하였다. 1.5세, 2세의 사회적 진출이 미국만큼 현저한 곳이 없다. 미국 사회에서는 마치 유태인이 그러하였듯이 1세들은 경제적 기반을 구축하기 위하여 불리한 조건을 감수하면서 소 기업인으로 경제적인 기반을 구축하였고, 모범적인 중간적 소수민족(Model Middleman Minority)이 되었다. 한편 1.5세와 2세들은 화이트 칼라직으로 진출하는 그 속도가 빨라 한인은 사회 상승률이 가장 높은 민족이 되고 있다.

현재 미국에서 부상하는 한인 1.5세와 2세의 단체들로 널리 알려진 것이 LA의 KAC, San Jose의 KIN, NY의 KACF와 KALKA 등이 있다. 이들은 모두 친목단체이지만 하나의 목적을 위하여 공동으로 협력하고 추진하는 1.5세, 2세들의 단체인 것이다. 이외에도 차세대 변호사가 미국에 1만 명에 이르고, 언론계, 금융계, 정치계에서 활동하는 젊은 사람들이 상당수에 달한다. DC에서 알려진 것으로 미국 국회의원 보좌관으로 활동하는 한국계 젊은이가 25명에 이른다고 한다. 이것은 어느 민족보다 많은 수를 자랑하고 있다.

한인 1세가 유태인을 따라잡는데 30년이 걸렸다고 가정한다면, 한국 1.5세와 2세가 유태인을 따라잡는 데는 20년이 걸릴 것이다. 이리하여 미국의 한국인은 한국인 특유의 재능과 노력으로 세계를 주도하는 민족이 될 것이다. 이것을 위하여 한국인은 무엇을 할 것인가 하는 문제가 발생한다. 1세는 노동을 필요로 하는 직종에서, 2세는 화이트칼라직으로 사회적 상승만으로 그칠 것이냐 하는 문제가 있고, 이것보다 더 중요한 것은 한국적인 정신문화까지 2세에게 전하여 줄 수 있을 것이냐 하는 문제가 있다. 이것을 위하여 위에서 이미 서양 문명사가의 이론을 소개하였고, 문명권 이론을 소개하였으며, 동아시아 문명권에서 한국의 위상을 자리매김하여 보았다.

민족교육으로서의 한국어 교육

한국의 정신을 차세대에 계승시키려면 한국어를 가르쳐야 한다. 물론 언어가 바로 정신은 아니다. 그러나 최소한 언어를 통하여 정신을 계승

시킬 수 있다. 자기 모국의 언어를 습득하여 자기 문화에 대한 자신이 있을 때 현지 문화에도 애착을 갖는 법이다. 한국인 후손이 한국 것에 자부심을 갖지 못할 때 현지 시민으로서의 자부심도 없는 것이다. 말하자면 한국을 사랑할 줄 모르는 동포는 미국도 사랑할 줄 모른다.

미국에서의 한국학 현황은 어떠한가를 살펴보면 미국에서는 현재 91개 대학에서 한국어를 강의하고 있다. 91개 대학에서 약 반수가 최근 5~6년 사이에 한국어 강좌를 개설하였고, 시간 강사를 채용하여 학생의 수강을 관망하고 있다. 91개 대학 중 한국학 연구소를 가진 대학이 14개 대학이었다. 한국학 연구소라면 최소한 한국에 관한 강좌가 있고, 한국을 전공하는 교수가 있으며, 연구소의 특별활동으로 정규 수업 이외의 강연회, 특강 등이 있고, 한국에 관한 간행물이 있다. 이런 연구소의 규모나 활동을 보면 중국학이나 일본학에 비해 열세에 있다.

중ㆍ고등학교에서는 현재 65개 학교에 한국어 강좌가 있다. LA에 41개교, NY에 12개교, 시카고에 3개교, 시애틀에 3개교 그리고 기타 6개 주에 1개교씩 있다. 이들은 초보생을 위한 Heritage Education Program, 고급반인 Native Language Art (NLA) Program, 이중 언어교육이라는 Dual Language Program 그리고 외국어로서 한국어를 배우는 Foreign Language Program이 있다. 어떤 프로그램을 택하느냐 하는 것은 학교의 사정에 따라 다르다. 초등학교 수준의 한국어 교육은 이른바 한국학교에서 담당하고 있다. 미국 전역에 한국학교는 1,001개가 있으며 이들 가운데는 수백 명의 학생을 가진 대형 학교에서부터 수십 명을 가진 학교 그리고 10여 명을 가진 작은 학교까지 다양하다. 이곳 한국학교의 88%는 기독교 교회가 관할하고 있으며, 나머지 2%가 천주교 교회, 1%가 불교 사찰 그리고 9%가 한인회에서 후원하고 있다. 한국학교의 문제는 교회의 간섭이 심하다는 것이다. 교회가 한국 문화를 담당하였다는 의미에서 한국학교를 학교답게 운영하는 곳이 많으나, 그 중에는 자기 교회만을 생각하여 교인을 담보로 하는 의미에서 한국학교를 운영하고, 한국학교와 주일 교리학교를 혼돈하는 곳도 있다.

초등학생을 대상으로 하는 한국학교가 교회의 이익에 따라 좌우되고 현재도 수십 개의 학교가 폐교되거나 새로 생겨나는 현상을 보이고 있으나, 이것은 한국인이 한국인과 경쟁하고 대결하는 한국인 사이의 싸움이기 때문에 외부와 관련해서는 별 지장이 없다. 문제는 중·고등학교다. 앞에서 본 것과 같이 중·고등학교에 한국어 강좌를 두는 것은 부시 Grant 2004에 따라 정부가 추천한 6개 국어 중 하나로 특히 한국어는 아시아 언어로써 중국어, 일본어와 경쟁을 하여야 한다. 중국어를 선택한 고등학교에서는 한국어를 채택하지 않아도 된다. 이런 의미에서 한국어, 중국어, 일본어가 미국 중·고등학교를 누가 먼저 선점하느냐 하는 총 없는 문화전쟁을 벌이고 있는 것이다. 미국 내에 중국인 수가 많다 하여도, 일본인의 이민 역사가 길다 하여도 한국이 동포의 분포에서 유리하고, 특히 한국 아이를 입양한 미국 부모가 한국을 사랑하는 정도가 대단하고, 미국인과 결혼한 한국여성의 수가 많고 한국전쟁에 참전한 용사와 같이 한국을 사랑하는 미국인을 중국과 일본은 갖고 있지 않다. 교민, 국제 결혼한 미국인과 그의 자녀, 입양인과 입양부모, 참전용사 등 한국과 관계되고 한국을 사랑하는 사람을 합한다면 한국은 중국이나 일본에 비하여 유리한 입장에 있다 하겠다.

문제는 한국인이 얼마나 중·고등학교에 한국어 강좌 개설이 중요하다고 인식하고 이것을 위한 전략과 전술을 갖느냐 하는 것이다. 미국 중·고등학교에는 한국계 학생 100명 이상 다니는 학교가 수십 개가 되며 50명 이상이 다니는 학교는 그 수가 훨씬 많다. 이런 곳에서 학부모들이 단결하여 학교에 페티션을 내면 학교는 부시 Grant 2004에 따라 한국어 강좌 개설을 검토하여야 하고, 이것을 거부하려면 부시 Grant 2004를 능가할 법적 근거를 제시하여야 한다. 한국어 강좌를 유치시키려면 학교의 학부모를 옹호하는 동포 사회의 유지나 교육과 관계된 사람들이 단합하여 학부모를 옹호하고 사업추진에 필요한 경제적인 후원을 하면 된다. 중·고등학교에 한국어 강좌를 설치하는 비용은 크게 드는 것이 아니다. 이러한 전략과 전술로 10년간에 300개 중·고등학교에 한국어 강좌를 설치하면 재미동포는 후세 교육의 발판을 마련할 수 있다.

재미동포들이 미국 국회의원에게 일본 종군 위안부에 대한 일본 정부의 사과를 촉구하기 위하여 합심하여 서명운동을 전개하고, 단결하여 성공을 한 여력으로 이제 보다 장기적이고 보다 중요한 미국 중·고등학교의 한국어 강좌 개설에 전력을 다하여 하나 된 목표를 향해 매진하여야할 것이다.

결 론

재미동포가 앞으로 10년 모든 정력을 한곳에 집중하여 추진하여야 할 과제는 미국 중·고등학교에 한국어 강좌를 개설하는 것이다. 미국의 SAT II에 한국어를 채택하기 위하여 한인들이 단합하던 모습을 다시 한 번 보여줄 때가 왔다. 재미동포 사회가 해결할 많은 과제를 안고 있으나, 미국 중·고등학교에 한국어 강좌를 개설하는 것보다 더 중요한 것은 없다.

현재 LA의 문애리 교수가 중심이 된 한국어 진흥재단이 미국 중·고등학교에 한국어 강좌를 개설하기 위한 사업을 진행하고 있으나, 이것만으로 부족하므로 전 동포가 협력하여야 한다. 또한 동부에 있는 동암문화연구소의 전혜성 박사와 LA의 Mary Connor 교사가 미국 중·고등학교 교사에게 한국학을 장려하는 사업을 전개하고 있으며, NY의 Korea Society와 한국문화연구재단 등에서 한국학과 한국어 수업을 하고 있으나, 이런 모든 것들을 공동으로 보조를 취하면서 미국 중·고등학교에 한국어 강좌를 개설하는 사업에 합류하도록 하여야 한다.

무엇보다 중요한 것은 한국 학부모들이 한국어의 수업이 자녀의 의식 형성에 중요한 영향을 준다는 인식을 갖는 것이고, 재미동포 2세에게 자산과 지식만이 아니라 한국어를 이수한 한국인으로 태어난 영광스러운 마음을 갖게 하겠다는 결심이 필요하다. 그리고 학부모만이 아니라 더 나아가 재미동포 전체가 하나가 되어 한국어 보급에 협력하고 한국의 정신적 유산을 전하는 데 협력하여야 한다. 미국의 중·고등학교에서 한국어 강좌를 두는 것은 한국계 2세만을 위한 것이 아니라 한국어가 타민족에게도 보급되어 한국어가 국제어로 승격하는 것이 되며, 이것을 위하여 재미동포는 전력을 다하여야 한다.

재미동포가 세계 모든 지역 동포의 모범이 된 것과 같이 미국에서의 한국어 교육의 보급은 세계 다른 곳의 재외동포의 한국어 보급과 2세에게 한국의 정체성 확립에 모범이 되는 것이며, 다른 지역의 동포들이 미국동포의 뒤를 따를 것이다. 세계에 분산된 한국인들이 한국어 보급에 앞장서는 것은 한반도에 거주하는 한국 사람의 의식을 강화하고 한국 문화를 한 차원 높이는 것이 다. 한국문화의 차원을 높이는 것은 한국이 동아시아의 중심 국가가 되어 동아시아 유교문명권을 주도하는 역할을 수행하는 데 필수 조건이 된다. 그리고 한국이 중심이 된 동아시아 문명권이야말로 세계평화를 주도하여 나아가는 것이다.

2007. 8. 31

뉴욕, 한국문화원

동북부 지역협의회 선생 여러분, 미국에서 1년의 생활을 끝내고 귀국하기 전에 다시 여러분을 뵙게 되어 반갑습니다. 작년 3·1절에 입국하여 꼭 1년만인 오는 3월 2일 출국 바로 전날인 오늘 여러 선생님들을 다시 뵙게 되었습니다. 한국학교협의회 동북부 지역협의회도 그간 허낭자 선생님 체제에 들어선 지 몇 달이 지났습니다. 오늘 한국학교협의회 여러분에게 격려의 말씀을 드리는 것 이외에 제가 미국생활 1년을 끝내고 가는 것이라 선생님들을 위시한 미국에 거주하시는 동포 분들, 특히 뉴욕 일원에 거주하시는 한인교포 분들에게 드리는 말씀을 겸한 고별사가 될 것입니다.

뉴헤이분에 1년간 거주하면서 동암문화연구소에서 소장직을 맡아 1년간 근무하면서 주로 미국 중·고등학교 교사에게 한국 문화와 역사를 수업하여 미국 중·고등학교에서 한국의 문화와 역사에 대한 수업을 많이 개설하도록 하였습니다. 그리고 뉴욕을 중심으로 동포 생활을 관찰하였습니다. 뉴욕 일원에서 지역단체 3개를 보았고, 직능단체 8개 그리고 봉사단체 11개를 보았습니다. 이것은 뉴욕 한인사회의 일부이지만 이것으로도 뉴욕 한인들의 생활을 짐작할 수 있었습니다.

뉴욕은 이민 역사가 100년이 넘었다고 하지만 실제 이민은 1965년 시작되었다고 하여도 과언이 아닙니다. 따라서 뉴욕의 이민사는 40년이 약간 넘는 것이고, 이제 1세에서 2세로 넘어가기 시작한 과도기에 돌입한 시기입니다.

한인 이민 1세들은 외국 이민 1세들과 같이 경제적인 기반을 쌓기 위하여 노력하였고, 이민 1세로서는 크게 성공한 사람들이라 할 수 있습니다. 그러나 재미동포들은 다음과 같은 세 가지 특징을 가지고 있습니다. 특징의 하나가 한국에서 가졌던 직업과 미국에서 가진 직업 사이에 관련성이 없다는 것입니다. 두 번째 특징은 한국에서의 양반이 미국에서 상인계급으로 전락한 것입니다. 그리고 세 번째 특징이 타민족과 접촉이 없던 사람들이 미국에서 소기업을 하면서 도매는 유태인이나 이태리인인 백인이고, 고용인은 멕시칸 등 남미계열의 사람이고, 고객은 주로 흑인을 상대로 한 것과 같이 여러 민족을 만나는 경험을 한 것입니다. 재미동포들이 기업의 기반을 조성하고 직업이 안정된 궤도에 오를 때까지의 고생은 한국에서는 예상도 못하였던 것입니다. 특히 뉴욕이 더 그러하였고, 그 대표적인 것이 청과상이었습니다.

모든 분야에서 쉬운 것이 없었으며 특히 경제적인 기반 구축이 더욱 힘들었습니다. 그러나 모든 역경과 고통, 그리고 심지어 폭력에 맞서 한인들은 민족 산업의 기반을 구축하였고, 현재 뉴욕 일대에서 활약하시는 동포 기업인들을 보면 참으로 대견스럽고 자랑스럽습니다. 가발에서 시작하여 뷰티 서플라이로 발전하신 사업가는 미국에 큰 공헌을 하신 분들입니다. 청과상에서 시작하여 델리상으로, 수산업에서 식당으로 확장하여 가신 기업인들의 이야기는 마치 적진에 투입하여 몸으로 부딪치면서 고지를 점령하여 간 군인들, 의병들의 모습을 보는 것 같았습니다. 그리하여 뉴욕 일원에서는 17개의 직능단체장이 모임을 이루고 한인들의 상권과 경제권을 지켜 나가는 것은 참으로 눈물겨운 한인들의 성공담이었습니다.

그러나 사업에 성공한 사람이 많은 것과는 대조적으로 봉사단체가 도와야 하는 분들도 많았습니다. 한인들이 사업에서의 불안이 심할수록 봉사단체의 힘을 빌려야 했으며, 사업에서 성공하지 못하였다고 느끼는 사람이 많을수록 봉사단체에 의존하는 분이 많았으며, 고립되었다고 느끼는 분이 많을수록 봉사단체에 손을 내미시는 분이 많았습니다. 특히 성공한 남편을 둔 부인의 경우 봉사단체를 필요로 하는 사람이 많았으며, 성공하지 못한 남편을 둔 부인이 봉사단체를 찾는 분도 많았습니다. 뉴욕 일원을 전체적으로 평하자면 경제생활에 성공한 사람도 많았고, 그와는 반대로 봉사단체를 필요로 하는 사람도 많았습니다.

재미동포들의 특색은 봉사단체에 의존하기보다 불안한 이민생활에서 손쉽게 의지하는 곳이 기독교회였고, 재미동포 80% 이상이 기독교 신자인 것과 같이 뉴욕도 예외가 아니었습니다. 소수민족은 그 사회의 다수민족보다 더 철저하여야 살아남는다는 이민의 법칙이 있습니다만, 한인 기독교 신자는 미국인들보다 더 철저한 기독교인이고 그것이 지나쳐 광적인 신앙생활을 하는 분도 많이 보았습니다. 십일조(tithe)를 교회에 내는 사람도 미국인보다 한국인들이 더하고 새벽 기도를 하는 것도 한인들이 더 많고 철저합니다.

그러나 한인 교회는 부자이면서 한인 사회에 환원하지 않는 것 또한 이해하기 어려운 점이었습니다. 또 하나 이해하기 어려웠던 점은 이웃한 불쌍한 동포는 도외시하고 먼 다른 나라 선교에는 교회가 경쟁을 하고 있는 현상 또한 이해하기가 어려운 점의 하나였습니다.

뉴욕 시립대 교수의 연구에 의하면 뉴욕의 힌두교와 뉴욕 한인 기독교를 비교하면서 힌두교도들은 신앙심이 깊으면 깊을수록 자기의 전통문화에 접근하고, 한국의 경우 기독교에 심취할수록 한국의 전통문화에서 멀어진다는 연구가 있었습니다. 극단적인 예가 되겠습니다만, 한국 기독교회에서는 한국어를 가르치고 한국적인 것을 가르치면서 한국의 역사를 가르치는 것을 꺼린다는 이야기입니다. 그 이유는 한국 역사에 불교적인 요소가 너무 많다는 것입니다. 이것은 한국 교민이 80%가 교회 신자이고, 한국학교의 80% 이상이 교회에 소속되었다는 점에서 심각하게 생각하지 않을 수 없습니다.

이러한 상황과 조건에서 2세들에게 한민족으로서의 정체성을 가르친다는 것이 가치관의 혼돈을 야기하지 않을 수 없으며, 이것이 여러 한국학교 선생님들의 고민이 아닐 수 없습니다.

그러나 서구의 몰락을 예언한 문명사가나 인류의 문화권을 설명한 문명사가나 동서양 문화를 비교하는 문명사가의 이론은 고사하고 현재 미국은 기회가 있을 때마다 동양 언어를 배울 것을 강조하고 있으며 그것을 강조할 때 반드시 한국어를 중국어나 일본어와 동격으로 강조하고 있습니다. 1996년 SAT II에 한국어를 넣었고, 2000년 Flagship Scholarship인 National Security Education Program이 추천한 9개 국어에 한국어가 있으며, 2004년의 부시 Grant 2004의 Foreign Language Assistant Program 6개 국어에 한국어가 들어 있고 2006년의 National Security Language Initiative 10개 언어에 한국어가 들어 있습니다. 말하자면 미국 연방정부는 기회 있을 때마다 한국어를 중국어, 일본어와 더불어 미국에서 배워야 할 동양어의 하나로 장려하고 있는 것입니다.

재미동포들이 앞으로 어느 방향으로 나아가야 하는가를 미국 연방정부에서 제시한 것입니다. 미국 사람들이 한국어를 배워야 하고 그에 한국어를 모국어로 하는 한국인이 앞장서라는 미국 정부의 말을 한국인이 외면

하여서는 안 될 것입니다. 저는 기회 있을 때마다 미국 SAT II에 한국어가 편입된 것은 한민족이 이 지구상에 삶을 영위하기 시작한 이래 세종대왕의 한글 창제 다음 가는 위대한 업적이고, 이것이 재미동포의 한민족에게 이룩한 가장 위대한 현대사의 사건 중의 사건이라고 하였습니다. 1996년 SAT II에 한국어가 편입된 이후 일본은 막대한 경제력으로 미국 중·고등학교를 공략하고, 중국은 문화력으로 공략을 하고 있습니다. 한국은 미국에서 어떤 일이 벌어지고 있는지도 모르고 있습니다. 재미동포마저도 모르는 분이 많습니다. 이제 재미동포들의 임무는 분명합니다. 미국에 거주하는 재미동포는 미국 3억 인구의 10%인 3,000만 이상의 미국인에게 한국어를 보급할 의무가 있습니다.

현재 미국 4만 개의 중·고등학교에서 중국어를 가르치는 학교 700개, 일본어를 가르치는 학교가 500개, 그리고 한국어를 가르치는 학교가 65개입니다. 이런 상황에서 이제 한국어는 중국어, 일본어와 경쟁을 하여야 합니다. 이것을 총 없는 전쟁이라 표현하여 보았습니다. 이러한 총 없는 전쟁터에서 승리하기 위하여 이번에 뉴욕에서 '미국 중·고등학교 한국어 정규과목 채택 추진회'가 결성되었습니다. 이 추진회는 1차적으로 300개 미국 중·고등학교에 한국어 반을 신설할 목표를 세우고 매진하고 있습니다. 이것은 미국 중·고등학교에 근무하시는 한인 교사가 중심이 되었으며 한국학교 교사 여러분의 절대적인 도움이 필요한 사업입니다.

한국학교의 경우도 중요합니다. 현재 미국 내에 1,001개의 한국학교가 있고 이곳에 다니는 학생이 전체 취학 아동의 15%에 불과합니다. 한국학교 선생님들은 우선 한국계 어린이가 모두 한국학교에 다니는 운동을 전개하여 한국학교를 강화하여야 합니다. 그리고 미국 중·고등학교에서 한국어 반을 개설하는 데 전 동포가 진력하여야 합니다. 그리고 이것이 다시 대학까지 연결되어 한국어가 미국에서 중요한 외국어가 되어야 합니다.

이제 한국어를 보급하는 것이 한국을 위한 것이 아니라 미국을 위한 것이 되었습니다. 한인 학부모들이 미국까지 와서 한국어를 왜 배우느냐는 질문을 합니다. 그러나 이것은 1996년 이전의 물음이었습니다. 이제 한국어를 배우는 것은 다민족국가인 미국을 위하여, 다문화사회인 미국을 위하여, 미국정부가 요청하기에 미국을 위하여 배우고 인종을 초월하여 한국어가 보급되게 하여야 합니다. 이러한 중대한 책무를 짊어지신 분들이 여러 선생님들입니다. 미국에 거주하는 한국계 학생을 지도하시고, 재미동포 전체를 선도하시기 위하여 더욱 분발하시고 미국이 요구하는 충실한 미국인이 되기 위하여 노력하시기 바랍니다.

❦ 참고문헌

강만길 외,『동북아 시대의 한민족』, 경실련, 1993.

경실련 정책연구위원회,『우리사회 이렇게 바꾸자』, 비봉출판사, 1992.

경향신문 특별취재팀,『우리도 몰랐던 한국의 힘』, 한스미디어, 2006.

김성훈 · 김토홍 · 심의섭,『동북아 경제권: 21세기 국가 경영 전략』, 비봉출판
    사, 1992.

김역석,『21세기 한국경제 비전』, 매일경제신문사, 1997.

김재기,『세계화 시대 글로벌 코리안 네트워크와 국가발전』, 한국학술정보,
    2006.

김홍규,『변동사회와 한국인의 갈등』, 문학예술사, 1978.

동아일보사,『2천 년대를 향한 한국의 선택』, 동아일보사, 1991.

대통령비서실 21세기 기획단 편,『21세기의 한국』, 동화출판사, 1993.

매일경제신문 경제부,『2004 신한국 경제보고서』, 매일경제신문사, 2004.

배기찬,『코리아 다시 생존의 기로에 서다』, 위즈덤하우스, 2005.

성공회대학교 사회문화연구소,『동아시아 문화공동체 포럼 제1차 국제회의』,
    성공회대학교 사회문화연구소, 2002.

서울대학교 한국정치연구소,『21세기 한국의 정치와 경제』, 서울대학교 한국
    정치연구소, 1992.

세계평화교수협의회,『한국인의 가치관』, 일념, 1978.

송병락, 『한국인의 신화, 일본을 앞선다』, 중앙일보사, 1994.

　　　『세계로, 초일류 선진국으로』, 중앙일보사, 1994.

송호수, 『위대한 민족』, 보림사, 1992.

신동호, 『오늘의 한국정치와 6.3세대』, 예문, 1996.

영남대학교 통일문제연구소, 『동북아시아의 평화와 협력: 한국, 중국, 일본의 시각』, 영남대학교 통일문제연구소, 2001.

월간 우리길벗 편집부, 『한국사회 어디로 나아갈 것인가』, 신사회공동선운동 연합, 2006.

이광규, 『세계 속의 한민족, 선택받은 한민족』, 우리문학사, 1992.

　　　, 『전통문화 산책』, 서울대출판부, 1997

_____, 『전환기에 선 세계 한민족』, 동북아평화연대, 2001.

_____, 『동북아 시대 한민족이 연다』, 박산서당, 2002.

_____, 『동포는 지금』, 집문당, 2005.

_____, 『조국은 지금』, 집문당, 2006.

_____, 『못다 이룬 꿈』, 집문당, 2006.

이이화, 『우리 겨레의 전통생활』, 려강출판사, 1990.

21세기 기획단, 『21세기의 한국』, 동화출판사, 1993.

이재윤, 『일등국으로 가는 길』, 생각의 나무, 1998.

정세균, 『한국의 비전과 전략』, 나남출판, 2000.

정운찬·조흥식 편, 『외환위기 10년, 한국사회 얼마나 달라졌나』, 서울대학교 출판부, 2007.

진덕규 외 5인, 『한국 사회의 발전 논리』, 흥사단출판부, 1984.

최종민, 『한국 전통음악의 미학사상』, 집문당, 2003.

통일원, 『동북아의 평화와 번영의 시대 전망』, 통일원 교육홍보국, 1994.

□ 일문

青木保 외, 『空間 아시아에의 물음』, 岩坡書店, 2002.

增田祐司 편, 『21世紀의 北東아시아와 世界』, 國際書院, 2001.
武者小路·公秀 편,『동아시아 공생에의 길』, 대판경제법과대학출판부, 1997.

□ 영문

Amsden, Alice H. *Asia's Next Giant; South Korea and Late Industrialization.*
    Oxford University Press, 1989.
Armstrong, Chartes K. ed., *Korean Society.* Routhledge., 2002.